企业管理出版社
ENTERPRISE MANAGEMENT PUBLISHING HOUSE

中华优秀传统文化在现代管理中的创造性转化与创新性发展工程
“中华优秀传统文化与现代管理融合”丛书

（最新上市）

《修心与生产：福耀集团的企业治理之道》
书号：978-7-5164-3261-7
作者：郑济洲 朱仰恩 葛文丽
定价：78.00元

《跟中国古代先贤学决策》
书号：978-7-5164-3205-1
作者：梁 刚
定价：78.00元

《仁爱赋能基层治理》
书号：978-7-5164-3323-2
作者：王文彬
定价：78.00元

《心力管理：以软济硬的智慧》
书号：978-7-5164-3314-0
作者：刘鹏凯
定价：128.00元

《经世济民：中国式治理历史底蕴与智慧》
书号：978-7-5164-3004-0
作者：黄海啸
定价：148.00元

《传统智慧赋能现代领导力提升》
书号：978-7-5164-3315-7
作者：莫林虎
定价：98.00元

图书订购:010-68417763　010-68414644
购书方式:当当、京东等网站均有销售，也可致电企业管理出版社咨询或购买

企业管理出版社
ENTERPRISE MANAGEMENT PUBLISHING HOUSE

中华优秀传统文化在现代管理中的创造性转化与创新性发展工程
“中华优秀传统文化与现代管理融合”丛书

（已经出版）

从伦理的儒学到管理的儒学	马文军	98.00元
“四书”修身管理研究	吴通福	98.00元
和合管理：基于中华和合文化智慧的现代管理	张卫东	98.00元
中华德学与现代经营	程少川 李欣然	78.00元
五维铸就大业：道德法术势与基业长青的智慧	雪　漠	78.00元
调查研究的古今智慧	蔡长运	78.00元
情绪管理的传统智慧	王心娟	78.00元
中国企业的“三环”管理	殷　雄	128.00元
从文化探源到管理实践：兼谈对中国特色管理学的思考	冯彦明	98.00元
当代晋商传统文化基因案例研究	谢振芳 李树人 王　博	98.00元
儒商文化通论	黎红雷	128.00元
《论语》中的管理学：范式的视角	巩见刚	128.00元
基于传统人性论的管理学	钟　尉	128.00元
职业素养的传统文化智慧	毕建欣	78.00元
人本管理会计	王俊清	128.00元
孝风德雨润莱乡	王茂兴	78.00元
追求善治：义利并重与中国企业治理范式创新	胡国栋 李文昊	98.00元
企业家中国文化修身	贾利军	128.00元
民间管理智慧	王建斌	98.00元
中国管理智慧	苏　勇	78.00元
危机管理的传统智慧	王新刚	78.00元

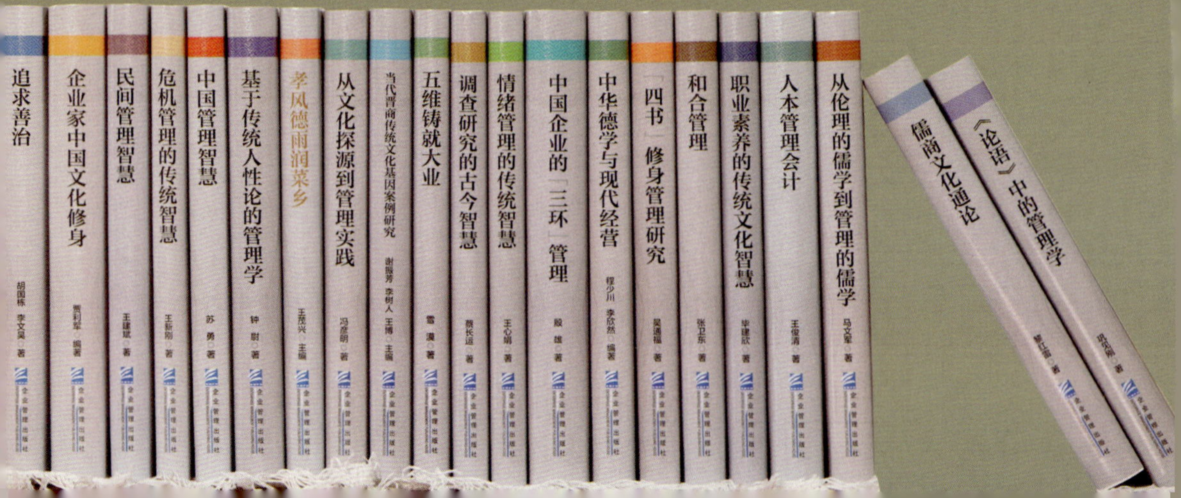

中华优秀传统文化在现代管理中的创造性转化与创新性发展工程
“中华优秀传统文化与现代管理融合”丛书

传统智慧赋能现代领导力提升

莫林虎◎著

企业管理出版社
ENTERPRISE MANAGEMENT PUBLISHING HOUSE

图书在版编目（CIP）数据

传统智慧赋能现代领导力提升 / 莫林虎著. -- 北京 : 企业管理出版社, 2025. 8. -- (“中华优秀传统文化与现代管理融合”丛书). -- ISBN 978-7-5164-3315-7

Ⅰ. F279.23

中国国家版本馆CIP数据核字第2025US6355号

书　　名：传统智慧赋能现代领导力提升
书　　号：ISBN 978-7-5164-3315-7
作　　者：莫林虎
责任编辑：刘玉双
特约设计：李晶晶
出版发行：企业管理出版社
经　　销：新华书店
地　　址：北京市海淀区紫竹院南路17号　　邮　　编：100048
网　　址：http://www.emph.cn　　电子信箱：654552728@qq.com
电　　话：编辑部（010）68701661　发行部（010）68417763　68414644
印　　刷：北京联兴盛业印刷股份有限公司
版　　次：2025年8月第1版
印　　次：2025年8月第1次印刷
开　　本：710mm×1000mm　1/16
印　　张：16.75
字　　数：207千字
定　　价：98.00元

编 委 会

冯彦明 中央民族大学经济学院教授
巩见刚 大连理工大学公共管理学院副教授
毕建欣 宁波财经学院金融与信息学院金融工程系主任
吕　力 扬州大学商学院教授，扬州大学新工商文明与中国传统文化研究中心主任
刘文锦 宁夏民生房地产开发有限公司董事长
刘鹏凯 江苏黑松林粘合剂厂有限公司董事长
齐善鸿 南开大学商学院教授
江端预 株洲千金药业股份有限公司原党委书记、董事长
严家明 中国商业文化研究会范蠡文化研究分会执行会长兼秘书长
苏　勇 复旦大学管理学院教授，复旦大学东方管理研究院创始院长
李小虎 佛山市法萨建材有限公司董事长
李文明 江西财经大学工商管理学院教授
李景春 山西天元集团创始人
李曦辉 中央民族大学管理学院教授
吴通福 江西财经大学中国管理思想研究院教授
吴照云 江西财经大学原副校长、教授
吴满辉 广东鑫风风机有限公司董事长
余来明 武汉大学中国传统文化研究中心副主任
辛　杰 山东大学管理学院教授
张　华 广东省蓝态幸福文化公益基金会理事长
张卫东 太原学院管理系主任、教授
张正明 广州市伟正金属构件有限公司董事长
张守刚 江西财经大学工商管理学院市场营销系副主任
陈　中 扬州大学商学院副教授
陈　静 企业管理出版社社长兼总编辑
陈晓霞 孟子研究院党委书记、院长、研究员
范立方 广东省蓝态幸福文化公益基金会秘书长

范希春 中国商业文化研究会中华优秀传统文化传承发展分会专家委员会专家

林　嵩 中央财经大学商学院院长、教授

罗　敏 英德华粤艺术学校校长

周卫中 中央财经大学中国企业研究中心主任、商学院教授

周文生 范蠡文化研究（中国）联会秘书长，苏州干部学院特聘教授

郑俊飞 广州穗华口腔医院总裁

郑济洲 福建省委党校科学社会主义与政治学教研部副主任

赵德存 山东鲁泰建材科技集团有限公司党委书记、董事长

胡国栋 东北财经大学工商管理学院教授，中国管理思想研究院院长

胡海波 江西财经大学工商管理学院院长、教授

战　伟 广州叁谷文化传媒有限公司 CEO

钟　尉 江西财经大学工商管理学院讲师、系支部书记

宫玉振 北京大学国家发展研究院发树讲席教授、BiMBA 商学院副院长兼 EMBA 学术主任

姚咏梅 《企业家》杂志社企业文化研究中心主任

莫林虎 中央财经大学文化与传媒学院学术委员会副主任、教授

贾旭东 兰州大学管理学院教授，“中国管理 50 人”成员

贾利军 华东师范大学经济与管理学院教授

晁　罡 华南理工大学工商管理学院教授、CSR 研究中心主任

倪　春 江苏先锋党建研究院院长

徐立国 西安交通大学管理学院副教授

殷　雄 中国广核集团专职董事

凌　琳 广州德生智能信息技术有限公司总经理

郭　毅 华东理工大学商学院教授

郭国庆 中国人民大学商学院教授，中国人民大学中国市场营销研究中心主任

序　一

/

以中华优秀传统文化为源　启中国式现代管理新篇

中华优秀传统文化形成于中华民族漫长的历史发展过程中，不断被创造和丰富，不断推陈出新、与时俱进，成为滋养中国式现代化的不竭营养。它包含的丰富哲学思想、价值观念、艺术情趣和科学智慧，是中华民族的宝贵精神矿藏。党的十八大以来，以习近平同志为核心的党中央高度重视中华优秀传统文化的创造性转化和创新性发展。习近平总书记指出“中华优秀传统文化是中华民族的精神命脉，是涵养社会主义核心价值观的重要源泉，也是我们在世界文化激荡中站稳脚跟的坚实根基”。

管理既是人类的一项基本实践活动，也是一个理论研究领域。随着社会的发展，管理在各个领域变得越来越重要。从个体管理到组织管理，从经济管理到政务管理，从作坊管理到企业管理，管理不断被赋予新的意义和充实新的内容。而在历史进程中，一个国家的文化将不可避免地对管理产生巨大的影响，可以说，每一个重要时期的管理方式无不带有深深的文化印记。随着中国步入新时代，在管理领域实施中华优秀传统文化的创造性转化和创新性发展，已经成为一项应用面广、需求量大、题材丰富、潜力巨大的工作，在一些重要领域可能产生重大的理论突破和丰硕的实践成果。

第一，中华优秀传统文化中蕴含着丰富的管理思想。中华优秀传统文化源远流长、博大精深，在管理方面有着极为丰富的内涵等待提炼和转化。比如，儒家倡导“仁政”思想，强调执政者要以仁爱之心实施管理，尤其要注重道德感化与人文关怀。借助这种理念改善企业管理，将会推进构建和谐的组织人际关系，提升员工的忠诚度，增强其归属感。又如，道家的“无为而治”理念延伸到今天的企业管理之中，就是倡导顺应客观规律，避免过度干预，使组织在一种相对宽松自由的环境中实现自我调节与发展，管理者与员工可各安其位、各司其职，充分发挥个体的创造力。再如，法家的“法治”观念启示企业管理要建立健全规章制度，以严谨的体制机制确保组织运行的有序性与规范性，做到赏罚分明，激励员工积极进取。可以明确，中华优秀传统文化为现代管理提供了多元的探索视角与深厚的理论基石。

第二，现代管理越来越重视文化的功能和作用。现代管理是在人类社会工业化进程中产生并发展的科学工具，对人类经济社会发展起到了至关重要的推进作用。自近代西方工业革命前后，现代管理理念与方法不断创造革新，在推动企业从传统的小作坊模式向大规模、高效率的现代化企业，进而向数字化企业转型的过程中，文化的作用被空前强调，由此衍生的企业使命、愿景、价值观成为企业发展最为强劲的内生动力。以文化引导的科学管理，要求不仅要有合理的组织架构设计、生产流程优化等手段，而且要有周密的人力资源规划、奖惩激励机制等方法，这都极大地增强了员工在企业中的归属感并促进员工发挥能动作用，在创造更多的经济价值的同时体现重要的社会价值。以人为本的现代管理之所以在推动产业升级、促进经济增长、提升国际竞争力等方面须臾不可缺少，是因为其体现出企业的使命不仅是获取利润，更要注重社会责任与可持续发展，在环境保护、社会公平等方面发挥积极影响力，推动人类社会向着更加文明、和谐、包容、可持续的方向迈进。今天，管理又面临数字技术的挑战，更加需要更多元的思想基础和文化资源的支持。

第三，中华优秀传统文化与现代管理结合研究具有极强的必要性。随着全球经济一体化进程的加速，文化多元化背景下的管理面临着前所未有的挑战与机遇。一方面，现代管理理论多源于西方，在应用于本土企业与组织时，往往会出现“水土不服”的现象，难以充分契合中国员工与生俱来的文化背景与社会心理。中华优秀传统文化所蕴含的价值观、思维方式与行为准则能够为现代管理面对中国员工时提供本土化的解决方案，使其更具适应性与生命力。另一方面，中华优秀传统文化因其指导性、亲和性、教化性而能够在现代企业中找到新的传承与发展路径，其与现代管理的结合能够为经济与社会注入新的活力，从而实现优秀传统文化在企业管理实践中的创造性转化和创新性发展。这种结合不仅有助于提升中国企业与组织的管理水平，增强文化自信，还能够为世界管理理论贡献独特的中国智慧与中国方案，促进不同文化的交流互鉴与共同发展。

近年来，中国企业在钢铁、建材、石化、高铁、电子、航空航天、新能源汽车等领域通过锻长板、补短板、强弱项，大步迈向全球产业链和价值链的中高端，成果显著。中国企业取得的每一个成就、每一项进步，离不开中国特色现代管理思想、理论、知识、方法的应用与创新。中国特色的现代管理既有“洋为中用”的丰富内容，也与中华优秀传统文化的“古为今用”密不可分。

“中华优秀传统文化与现代管理融合”丛书（以下简称“丛书”）正是在这一时代背景下应运而生的，旨在为中华优秀传统文化与现代管理的深度融合探寻路径、总结经验、提供借鉴，为推动中国特色现代管理事业贡献智慧与力量。

“丛书”汇聚了中国传统文化学者和实践专家双方的力量，尝试从现代管理领域常见、常用的知识、概念角度细分开来，在每个现代管理细分领域，回望追溯中华优秀传统文化中的对应领域，重在通过有强大生命力的思想和智慧精华，以“古今融会贯通”的方式，进行深入研究、探索，以期推出对我国现代管理有更强滋养力和更高使用价值的系列成果。

文化学者的治学之道，往往是深入研究经典文献，挖掘其中蕴含的智慧，并对其进行系统性的整理与理论升华。据此形成的中华优秀传统文化为现代管理提供了深厚的文化底蕴与理论支撑。研究者从浩瀚典籍中梳理出优秀传统文化在不同历史时期的管理实践案例，分析其成功经验与失败教训，为现代管理提供了宝贵的历史借鉴。

实践专家则将传统文化理念应用于实际管理工作中，通过在企业或组织内部开展文化建设、管理模式创新等实践活动，检验传统文化在现代管理中的可行性与有效性，并根据实践反馈不断调整与完善应用方法。他们从企业或组织运营的微观层面出发，为传统文化与现代管理的结合提供了丰富的实践经验与现实案例，使传统文化在现代管理中的应用更具操作性与针对性。

“丛书”涵盖了从传统文化与现代管理理论研究到不同行业、不同领域应用实践案例分析等多方面内容，形成了一套较为完整的知识体系。“丛书”不仅是研究成果的结晶，更可看作传播中华优秀传统文化与现代管理理念的重要尝试。还可以将“丛书”看作一座丰富的知识宝库，它全方位、多层次地为广大读者提供了中华优秀传统文化在现代管理中应用与发展的工具包。

可以毫不夸张地说，每一本图书都凝聚着作者的智慧与心血，或是对某一传统管理思想在现代管理语境下的创新性解读，或是对某一行业或领域运用优秀传统文化提升管理效能的深度探索，或是对传统文化与现代管理融合实践中成功案例与经验教训的详细总结。“丛书”通过文字的力量，将传统文化的魅力与现代管理的智慧传递给广大读者。

在未来的发展征程中，我们将持续深入推进中华优秀传统文化在现代管理中的创造性转化和创新性发展工作。我们坚信，在全社会的共同努力下，中华优秀传统文化必将在现代管理的广阔舞台上绽放出更加绚丽多彩的光芒。在中华优秀传统文化与现代管理融合发展的道路上砥砺前行，为实现中华民族伟大复兴的中国梦做出更大的贡献！

是为序。

朱宏任

中国企业联合会、中国企业家协会

党委书记、常务副会长兼秘书长

序　二

/

文化传承　任重道远

财政部国资预算项目“中华优秀传统文化在现代管理中的创造性转化与创新性发展工程”系列成果——“中华优秀传统文化与现代管理融合”丛书和读者见面了。

一

这是一组可贵的成果，也是一组不够完美的成果。

说她可贵，因为这是大力弘扬中华优秀传统文化（以下简称优秀文化）、提升文化自信、“振民育德”的工作成果。

说她可贵，因为这套丛书汇集了国内该领域一批优秀专家学者的优秀研究成果和一批真心践行优秀文化的企业和社会机构的卓有成效的经验。

说她可贵，因为这套成果是近年来传统文化与现代管理有效融合的规模最大的成果之一。

说她可贵，还因为这个项目得到了财政部、国务院国资委、中国企业联合会等部门的宝贵指导和支持，得到了许多专家学者、企业家等朋友的无私帮助。

说她不够完美，因为学习践行传承发展优秀文化永无止境、永远在进步完善的路上，正如王阳明所讲“善无尽”“未有止”。

说她不够完美，因为优秀文化在现代管理的创造性转化与创新性发展中，还需要更多的研究专家、社会力量投入其中。

说她不够完美，还因为在践行优秀文化过程中，很多单位尚处于摸索阶段，且需要更多真心践行优秀文化的个人和组织。

当然，项目结项时间紧、任务重，也是一个逆向推动的因素。

二

2022年，在征求多位管理专家和管理者意见的基础上，我们根据有关文件精神和要求，成立专门领导小组，认真准备，申报国资预算项目“中华优秀传统文化在现代管理中的创造性转化与创新性发展工程”。经过严格的评审筛选，我们荣幸地获准承担该项目的总运作任务。之后，我们就紧锣密鼓地开始了调研工作，走访研究机构和专家，考察践行优秀文化的企业和社会机构，寻找适合承担子项目的专家学者和实践单位。

最初我们的计划是，该项目分成“管理自己”“管理他人”“管理事务”“实践案例”几部分，共由60多个子项目组成；且主要由专家学者的研究成果专著组成，再加上几个实践案例。但是，在调研的初期，我们发现一些新情况，于是基于客观现实，适时做出了调整。

第一，我们知道做好该项目的工作难度，因为我们预想，在优秀文化和现代管理两个领域都有较深造诣并能融会贯通的专家学者不够多。在调研过程中，我们很快发现，实际上这样的专家学者比我们预想的更少。与此同时，我们在广东等地考察调研过程中，发现有一批真心践行优秀文化的企业和社会机构。经过慎重研究，我们决定适当提高践行案例比重，研究专著占比适当降低，但绝对数不一定减少，必要时可加大自有资金投入，支持更多优秀项目。

第二，对于子项目的具体设置，我们不执着于最初的设想，固定甚至限制在一些话题里，而是根据实际“供给方”和“需求方”情况，实事求是地做必要的调整，旨在吸引更多优秀专家、践行者参与项目，支持更多优秀文化与现代管理融合的优秀成果研发和实践案例创作的出版宣传，以利于文化传承发展。

第三，开始阶段，我们主要以推荐的方式选择承担子项目的专家、企业和社会机构。运作一段时间后，考虑到这个项目的重要性和影响力，我们觉得应该面向全社会吸纳优秀专家和机构参与这个项目。在请示有关方面同意后，我们于2023年9月开始公开征集研究人员、研究成果和实践案例，并得到了广泛响应，许多人主动申请参与承担子项目。

三

这个项目从开始就注重社会效益，我们按照有关文件精神，对子项目研发创作提出了不同于一般研究课题的建议，形成了这个项目自身的特点。

（一）重视情怀与担当

我们很重视参与项目的专家和机构在弘扬优秀文化方面的情怀和担当，比如，要求子项目承担人“发心要正，导人向善”“充分体现优秀文化‘优秀’二字内涵，对传统文化去粗取精、去伪存真”等。这一点与通常的课题项目有明显不同。

（二）子项目内容覆盖面广

一是众多专家学者从不同角度将优秀文化与现代管理有机融合。二是在确保质量的前提下，充分考虑到子项目的代表性和示范效果，聚合了企业、学校、社区、医院、培训机构及有地方政府背景的机构；其他还有民间传统智慧等内容。

（三）研究范式和叙述方式的创新

我们提倡“选择现代管理的一个领域，把与此密切相关的优秀文化高度融合、打成一片，再以现代人喜闻乐见的形式，与选择的现代管理领域实现融会贯通”，在传统文化方面不局限于某人、某家某派、某经典，以避免顾此失彼、支离散乱。尽管在研究范式创新方面的实际效果还不够理想，有的专家甚至不习惯突破既有的研究范式和纯学术叙述方式，但还是有很多子项目在一定程度上实现了研究范式和叙述方式的创新。另外，在创作形式上，我们尽量发挥创作者的才华智慧，不做形式上的硬性要求，不因形式伤害内容。

（四）强调本体意识

“本体观”是中华优秀传统文化的重要标志，相当于王阳明强调的“宗旨”和“头脑”。两千多年来，特别是近现代以来，很多学者在认知优秀文化方面往往失其本体，多在细枝末节上下功夫；于是，著述虽多，有的却如王阳明讲的“不明其本，而徒事其末”。这次很多子项目内容在优秀文化端本清源和体用一源方面有了宝贵的探索。

（五）实践丰富，案例创新

案例部分加强了践行优秀文化带来的生动事例和感人故事，给人以触动和启示。比如，有的地方践行优秀文化后，离婚率、刑事案件大幅度下降；有家房地产开发商，在企业最困难的时候，仍将大部分现金支付给建筑商，说“他们更难”；有的企业上新项目时，首先问的是“这个项目有没有公害？”“符不符合国家发展大势？”“能不能切实帮到一批人？”；有家民营职业学校，以前不少学生素质不高，后来他们以优秀文化教化学生，收到良好效果，学生素质明显提高，有的家长流着眼泪跟校长道谢：“感谢学校救了我们全家！”；等等。

四

调研考察过程也是我们学习总结反省的过程。通过调研，我们学到了许多书本中学不到的东西，收获了满满的启发和感动。同时，我们发现，在学习阐释践行优秀文化上，有些基本问题还需要进一步厘清和重视。试举几点：

（一）“小学”与“大学”

这里的“小学”指的是传统意义上的文字学、音韵学、训诂学等，而“大学”是指“大学之道在明明德”的大学。现在，不少学者特别是文史哲背景的学者，在“小学”范畴苦苦用功，做出了很多学术成果，还需要在“大学”修身悟本上下功夫。陆九渊说：“读书固不可不晓文义，然只以晓文义为是，只是儿童之学，须看意旨所在。”又说“血脉不明，沉溺章句何益？”

（二）王道与霸道

霸道更契合现代竞争理念，所以更为今人所看重。商学领域的很多人都偏爱霸道，认为王道是慢功夫、不现实，霸道更功利、见效快。孟子说：“仲尼之徒无道桓、文之事者。”（桓、文指的是齐桓公和晋文公，春秋著名两霸）王阳明更说这是“孔门家法”。对于王道和霸道，王阳明在其“拔本塞源论”中有专门论述：“三代之衰，王道熄而霸术焻……霸者之徒，窃取先王之近似者，假之于外，以内济其私己之欲，天下靡然而宗之，圣人之道遂以芜塞。相仿相效，日求所以富强之说，倾诈之谋，攻伐之计……既其久也，斗争劫夺，不胜其祸……而霸术亦有所不能行矣。”

其实，霸道思想在工业化以来的西方思想家和学者论著中体现得很多。虽然工业化确实给人类带来了福祉，但是也带来了许多不良后果。联合国《未来契约》（2024年）中指出“我们面临日益严峻、关乎存亡的灾难性风险”。

（三）小人儒与君子儒

在“小人儒与君子儒”方面，其实还是一个是否明白优秀文化的本体问题。陆九渊说：“古之所谓小人儒者，亦不过依据末节细行以自律”，而君子儒简单来说是“修身上达”。现在很多真心践行优秀文化的个人和单位做得很好，但也有些人和机构，日常所做不少都还停留在小人儒层面。这些当然非常重要，因为我们在这方面严重缺课，需要好好补课，但是不能局限于或满足于小人儒，要时刻也不能忘了行“君子儒”。不可把小人儒当作优秀文化的究竟内涵，这样会误己误人。

（四）以财发身与以身发财

《大学》讲：“仁者以财发身，不仁者以身发财。”以财发身的目的是修身做人，以身发财的目的是逐利。我们看到有的身家亿万的人活得很辛苦、焦虑不安，这在一定意义上讲就是以身发财。我们在调查过程中也发现有的企业家通过学习践行优秀文化，从办企业“焦虑多”“压力大”到办企业“有欢喜心”。王阳明说：“常快活便是功夫。”“有欢喜心”的企业往往员工满足感、幸福感更强，事业也更顺利，因为他们不再贪婪自私甚至损人利己，而是充满善念和爱心，更符合天理，所谓“得道者多助”。

（五）喻义与喻利

子曰：“君子喻于义，小人喻于利。”义利关系在传统文化中是一个很重要的话题，也是优秀文化与现代管理融合绕不开的话题。前面讲到的那家开发商，在企业困难的时候，仍坚持把大部分现金支付给建筑商，他们收获的是“做好事，好事来”。相反，在文化传承中，有的机构打着“文化搭台经济唱戏”的幌子，利用人们学习优秀文化的热情，搞媚俗的文化活动赚钱，歪曲了优秀文化的内涵和价值，影响很坏。我们发现，在义利观方面，一是很多情况下把义和利当作对立的两个方面；二是对义利观的认知似乎每况愈下，特别是在西方近代资本主义精神和人性恶假设背景下，对人性恶的利用和鼓励（所谓“私恶即公利”），出现了太多的重利轻义、危害社会的行为，以致产生了联合国《未来契约》中“可持续发展目标的实现岌岌可危”的情况。人类只有树立正确的义利观，才能共同构建人类命运共同体。

（六）笃行与空谈

党的十八大以来，党中央坚持把文化建设摆在治国理政突出位置，全国上下掀起了弘扬中华优秀传统文化的热潮，文化建设在正本清源、守正创新中取得了历史性成就。在大好形势下，有一些个人和机构在真心学习践行优秀文化方面存在不足，他们往往只停留在口头说教、走过场、做表面文章，缺乏真心真实笃行。他们这么做，是对群众学习传承优秀文化的误导，影响不好。

五

文化关乎国本、国运，是一个国家、一个民族发展中最基本、最深沉、最持久的力量。

中华文明源远流长，中华文化博大精深。弘扬中华优秀传统文化任重道远。

“中华优秀传统文化与现代管理融合”丛书的出版，不仅凝聚了子项目承担者的优秀研究成果和实践经验，同事们也付出了很大努力。我们在项目组织运作和编辑出版工作中，仍会存在这样那样的缺点和不足。成绩是我们进一步做好工作的动力，不足是我们今后努力的潜力。真诚期待广大专家学者、企业家、管理者、读者，对我们的工作提出批评指正，帮助我们改进、成长。

企业管理出版社国资预算项目领导小组

前　言

/

制造业是国民经济的主体，是立国之本、兴国之器、强国之基。近年来，在原材料、土地、人力等方面成本不断攀升的挑战下，制造业企业以往粗放式的要素驱动型发展方式正在转向创新驱动型发展方式。在一些先进制造业中，信息技术与制造技术深度融合的数字化、网络化、智能化制造已经变成现实，与此相应，企业经营管理方式也在进行全面深刻的转型升级。

2010年，中国制造业总体规模成为世界第一，制造业产出占全世界的比重约为20%；2024年，制造业产出占比超过30%，约为“美国制造”的2倍，远超“日本制造”和“德国制造”的总和。2010年以前，我国出口产品的大部分来自劳动密集型产业，如服装、玩具、家具等，装备类、电子类等技术密集型制造品不到30%。2024年中国制造的总出口量比2010年翻了一番；出口产品结构不断优化升级，机电产品出口占出口总值的比重达59.4%，其中高端装备出口增长超过四成；具有高科技属性的新产品加速出海。

我国制造业在全球制造业中的地位变化引起了一些西方国家的忧虑，近几年，其通过关税、科技脱钩、技术出口限制等手段来遏制中国高端制造业的发展，一些国外企业也配合所在国家的政策，与我国企业进行激烈竞争。这些情况都要求我国的企业，特别是涉及出口和海外经营的企业，必须尽快提高企业经营管理水平，提升企业领导力。

2025年，中国的“60后”大部分退出职场，而“90后”“00后”年轻一代渐渐成为职场主体。与父辈不同的是，“90后”“00后”生活在经济社会更加繁荣、法治更加完善的环境中，他们对平等、权益的追求意识更加强烈，以往有效的管理办法、领导手段对他们可能越来越不起作用。如何将新一代员工凝聚起来，使之成为企业发展的中坚力量，是企业持续经营的重要问题。

我国企业大多是在改革开放以后的40多年历史中发展起来的，和欧美发达国家企业一二百年的发展史有较大差距。在看到我国企业经营管理整体水平在迅速提升的同时，也要看到，我国企业与世界一流同行相比还有较大差距。

本书要做的工作就是，梳理我国一流企业在领导力方面的经验，重点放在中华优秀传统文化对现代领导力提升的积极作用方面，同时探讨中华优秀传统文化转化为现代领导力时，需要吸收哪些企业经营管理的理念、方法、流程，最终探索出中国化的企业经营管理的领导力模式。

在探讨中华优秀传统文化转化为现代领导力时，我们重点关注以下几点。

第一，激活中华优秀传统文化中儒家价值体系的潜力，使其转化为企业发展的原生动力。

儒家内圣外王思想是中国传统价值体系的核心组成部分，儒家思想除了自身不断发展创新之外，也对其他思想流派产生了重要影响，如对道家、法家、兵家等的影响。

在本书中，我们选取了孔子和唐太宗两人作为以儒家思想凝聚团队、锲而不舍追求理想的领导者典范。从事功上说，孔子“知其不可而为之”，他的理想未能圆满实现，但他对理想的追求激励无数仁人志士继续前行，他也被后世尊为至圣先师；而唐太宗及其团队则以显赫功业在中国历史上留下璀璨篇章。

作为儒家学派创始人，孔子的领导力在他从55岁到69岁带领学生周游列国的壮举中体现得最充分。当时的交通工具、道路都十分简陋，周游列国对于一个进入老年的学者来说，充满着风险。14年中，孔子多次遭遇险境，其中两次有性命之忧，至于讽刺、挖苦、冷遇，一路未绝。但孔子不仅没有放弃自己的信仰，还能用理想信念凝聚团队，最终完成了这个历程。孔子在匡地之围和陈蔡之厄中，用“天之未丧斯文也，匡人其如予何”的信念来激励自己和学生们，通过与弟子的思想交流，将儒家价值观活生生地展示在学生面前。

唐太宗李世民是中国历史上少有的圣贤之君，他即位时只有28岁，当时距离唐朝建立仅过了8年，唐太宗面临的是百废待兴的局面。唐太宗将儒家价值观引领力体现在以身作则、思想教育、制度建立、赏罚分明等多个方面，在贞观时期的23年中，集聚了魏征、杜如晦、房玄龄、马周等一批杰出政治家为共同的理想奋斗，实现了贞观之治。当时朝廷官员仅仅600余人，而管理的疆域西至中亚，北至蒙古高原，东至鸭绿江，南至两广，唐太宗及其团队的领导力可见一斑。

到了近现代，儒家思想被中国杰出企业家如张謇、卢作孚等深度践行；改革开放后，宋志平、宁高宁、任正非、于东来等杰出代表也纷纷涌现。

宁高宁的职业生涯都在央企中度过，他主导了华润集团[1]变革、中粮集团[2]转型、中化集团[3]与中国化工[4]的重组，在每一个岗位都取得了优秀的业绩。宁高宁自称国企“放牛娃”。他认为做国企领导者，就要履行好职业经理人的职责，要具备对国家的“忠心”和对消费者的“良心”。作为国企领导者，宁高宁最重要的一个贡献是将儒家价值观引领力思想和国企注重思想政治工作的优势以及西方现代管理理念进行有机融合与创造性发展，他总结出来的领导力思想对我国国企经营管理很有启发意义，很多做法可以直接借鉴。

第二，中国传统领导力思想的各流派，既有相对独立性，又相互影响、相互吸收，最终趋势是走向融合。

从中国的领导力思想来说，“群经之首”《易经》是开端，而《易经》实际上包含着春秋战国时期儒家、道家、法家、兵家等各家思想的成分。春秋战国时期，“道术将为天下裂”，各家思想的创始人基于不同的立场，为应对当时的社会问题，分别提出了儒、道、法、兵等不同的思想体系，这些思想体系在激烈竞争的同时，也在相互影响、相互吸收。比如，春秋时期孔子创立的儒家思想，到了战国乃至秦汉时期，已经吸收了法家和道家的思想成分。吸收法家思想的人物以荀子为代表，他的两个学生就是著名的法家人物李斯和韩非子。吸收道家成分的思想，就体现在《中庸》和《易传》中，将道家的宇宙论思想与儒家的伦

[1] 即华润（集团）有限公司，简称华润或华润集团。

[2] 即中粮集团有限公司，简称中粮或中粮集团。

[3] 即中国中化集团有限公司，简称中化或中化集团。

[4] 即中国化工集团有限公司，简称中国化工。

理-政治学说结合起来，为宋朝理学的建立奠定了思想基础。而明朝王阳明则将先秦儒学的创新版本理学进一步创新，推出了心学。王阳明心学在哲学层面融合了先秦儒学、宋明理学、道家、禅宗，而在政治军事实践方面融合了法家思想、兵家思想，可以说王阳明领导力思想以心学为基础，融合了中国传统领导力思想的各家精髓，是中国传统领导力思想的集大成者。

道家也是一样，在战国到秦汉之间，道家与法家思想融合，产生出一种用于国家治理的学说——黄老之学，成为汉初从高祖到汉武帝前期的主流政治哲学。

法家是中国领导力思想的重要流派，我们现在所知的法家大致可分为齐国法家和三晋法家两个系统。齐国法家的代表著作是《管子》，三晋法家的代表人物有商鞅、韩非子、李斯等。但如果我们追溯三晋法家的起源，则可以追溯到晋国的开国始祖唐叔虞。唐叔虞是周武王姬发之子、周公姬旦的侄子，属于创立周朝的家族，武王与周公都是儒家创始人孔子极力推崇的周文化的核心成员。由于唐叔虞分封到的地域情况特殊，周朝给唐叔虞的指示就是“启以夏政，疆以戎索”。因此，唐叔虞从一开始建立的治国传统就带有鲜明的因地制宜、创新变革的特点，这与鲁国严格按照周朝礼乐制度进行国家治理的路径是有很大不同的。由此，晋国法家传统兴盛发达。在法家发展的雏形时期，除了注重功利、因地制宜、与时俱进、不断变法的治国特点外，晋国领导者重视很多儒家理念，这在晋文公及其团队在19年流亡生涯和9年当政中的政治军事举措中体现得十分明显。

我们今天的领导者在学习吸收传统领导力思想时，既要看到不同思想流派的差异、相对独立性，也要看到它们相互影响、相互融合的方面。

第三，中华优秀传统文化以战略思维、辩证思维、创新思维、人文关怀著称，在管理上长于战略判断与机会捕捉，充分吸收这些有利于根据市场环境、产业格局的变化进行产品创新和商业模式创新，有利于企业文化建设，有利于在领导艺术、领导智慧上形成优势。

西方文化以科学思维、法治传统为特点，在管理上体现为科学管理、规范管理、制度化管理、精细化管理。在企业经营管理中，如SOP（标准作业程序）、OKR（目标与关键成果法）、KPI（关键绩效指标）、人力资源管理方法、流程管理，再如制造业中的定置管理、5S、看板管理、丰田精益生产方式等，都是典型的西方式企业管理行之有效的方法和模式，都是中国企业应该借鉴的。

中华优秀传统文化在企业经营管理中的创造性转化与创新性发展，要求将中华优秀传统文化的思想精髓与现代企业管理的方法、流程有机融合，在消化、吸收外来方法、流程等的基础上，探索出中国化的企业经营管理领导力模式。令人欣慰的是，本书中重点介绍的企业领导者都符合上述要求。

第四，围绕科技创新进行创新力培养。

自1840年鸦片战争以来，中国逐步认识到现代科技对国家生存与发展的重要性，通过科技创新提升综合实力成为中国近现代化进程的核心主线之一。中华人民共和国成立后，最重大的科技创新之一就是“两弹一星”，这是在极其艰苦的环境中取得的震惊世界的成就，也激励着无数中国人在科技领域继续前行。

圣吉在《第五项修炼：学习型组织的艺术与实务》中指出，电话、电脑、飞机等都属于“基础创新”，影响深远，有的创造出全新的产业，有的使既有的产业发生重大变化。

中国改革开放后40多年的企业史可以说是追赶史，即使是华为这样的标杆企业，其早期发展也属于追赶西方科技。40多年的追赶史让中国企业在中低端产业链取得了强大优势，并继而转向中高端产业链。

让人欣慰的是，由于我国在科学、教育等方面的长期高强度投入，在最近十几年时间里，我国的科技创新已经在5G通信技术、人工智能、高铁技术、航天技术、新能源技术、量子通信技术等领域取得举世瞩目的成就。

以华为为例，2020年，华为总收入是8000多亿元，2021年，由于美国禁止芯片企业向华为供货，华为的手机业务受到很大影响，荣耀品牌被迫剥离出售，华为的营业收入骤降至6000多亿元。但华为仅花了大约3年时间就研制出7nm芯片，华为高端手机重出江湖。2024年，华为营业收入再度升至8000多亿元，这是荣耀品牌从华为剥离之后的收入。学界和业界的很多人认为，中国芯片产业在短短几年时间里已经可以量产7nm芯片，表明中国在芯片领域与先进国家的差距由十几年缩短到了三四年。

更让人欣慰的是年轻一代在科技创新方面的成就，如张一鸣在算法推荐方面的创新、梁文锋在人工智能领域的创新、王兴兴在机器人领域的创新。这些年轻一代企业家在聚焦于科技创新的同时，也在管理创新、商业生态创新、业务创新等方面发力，改变着产业、行业的规则、格局及发展方向，开辟全新的发展空间。我们有理由相信，年轻一代中国企业家队伍将不断壮大，并将引领世界企业发展方向。

第五，将中华优秀传统文化中以人为本的优势与现代企业管理中的职业化管理手段有机融合，打造卓越的企业组织力。

与西方注重科学思维、法治传统的特点不同，中华优秀传统文化特别注重以人为本、人文关怀。在中国企业中，优秀的领导者都重视员工权益，通过共同愿景的打造增强企业凝聚力，挖掘员工潜力。

湖南株洲千金药业原董事长江端预创立的“千金经营法式”，其核心内容包括创立经营形制、坚持利润导向、运用市场方式、实行利益共享。江端预之所以创立这一经营模式，出发点之一就是让员工活得有尊严，让员工共享企业改革的成果。江端预力推的千金文化不是老板文化，而是员工文化。在千金药业，员工每年都会收到一份“甜蜜指数”问卷。2022年年初的问卷调查显示：99.28%的员工“认同企业”，97.83%的员工“有幸福感和归属感”，97.99%的员工“有成就感”。

国企如此，民企也如此。中国零售业的标杆胖东来之所以被同行、顾客称许，就是因为其创始人于东来对顾客、员工自始至终的关爱与呵护。从1999年开始，胖东来就开始实行“三三三”的分配机制：每年的利润30%用于社会捐献，30%用于下一年的垫付成本，剩下的30%全部分给了员工，管理层只保留10%。因此，有网友赞许胖东来体现了中国企业的温良和仗义。

这就是中华优秀传统文化中的领导力在现代企业中的体现。

第六，面向未来、面向世界提升企业领导力。

从近几年的情况看，越来越多的中国企业走出国门，到海外发展；同时，中国企业从价值链的中低端向中高端迈进，将越来越多地与世界同行业中的佼佼者同台竞争。因此，了解发达国家同行情况，学习吸收其优点，是十分必要的。

在充分肯定我国企业长足进步的同时，也要看到我们的不足。何志毅以2024年《财富》世界500强的平均营收利润率做对比，中国上榜企业的平均营收利润率为3.95%，低于全球平均值的6.64%和美国的8.61%，只达到全球平均值的60%和美国平均值的46%。

另外，一些国家的世界500强企业中有不少是高科技企业，如美国企业，有曾经引领潮流的惠普、3M、思科、IBM、通用电气、仙童，现在仍然处于前列的微软、英特尔、苹果、谷歌、亚马逊、甲骨文、脸书、特斯拉等，相比之下，我国类似的大型高科技企业为数还不多。

我们相信，随着中国企业从价值链的中低端向中高端稳步迈进，随着中国企业越来越多地走出国门，与世界同行同台竞争，面向未来、面向世界将成为中国企业的领导力提升的巨大推动力，具有高水平领导力的中国企业将助力中国梦的实现。

目　录

/

第一章

中华优秀传统文化与现代领导力提升

第一节　现代领导力概说

一、领导概说

领导就是在社会共同活动中，具有影响力的个人或集体，在特定的结构中通过示范、说服、命令等手段，动员下属实现群体目标的过程。

如果说得更直白一点，领导是凝聚一批优秀人才创造性解决难题的过程。在这个定义里，有四个关键词：凝聚、优秀人才、创造性、解决难题。能够把握这四个关键词的人，就是领导者；做得好的人，就是杰出领导者。

下面我们对这四个关键词逐一进行阐述。

首先是凝聚。

人与动物不同的地方是，人有思想，有感情，有意志。因此，人除了和动物一样有饮食男女这些物质需求外，还有精神追求。改革开放之初，做企业管理工作比较容易，只要把工资、奖金提高就能够激发员工的积极性。近十几年来，越来越多的“90后”“00后”员工进入职场；同时，越来越多的中国企业从价值链的中低端升级到中高端，其中一些是高科技企业；随着中国经济社会的快速稳健发展，中国社会日益注重企业在ESG［环境（Environmental）、社会（Social）和治理（Governance）］方面的表现，注重企业对员工权益的保护。面对这些新情况，企业领导者要想真正获得员工及社会各界的认同，领导力结构必须更加全面，在为员工提供较好的物质待遇的同时，也要注重企业价值观的塑造，通过有效的企业文化建设将全体员工凝聚起来，尤其是将优秀员工凝聚起来。

这绝非易事。

其次是优秀人才。

企业要聚集优秀人才，并激发他们的积极性、创造力。

《史记·留侯世家》记载，刘邦之所以能够成为“运筹帷幄之中，决胜千里之外”的秦汉间“首席智囊”张良的领导，是因为张良发现，他给别人讲《太公兵法》时，别人都浑浑噩噩，给刘邦一讲，刘邦马上领悟。张良说：“沛公殆天授。”这就是刘邦对张良的领导力。刘邦的领导力还体现为，他将当时的“首席战神”韩信、“后勤及行政专家”萧何等优秀人才都吸引到自己的阵营中玩儿命工作。

在中国历史上，优秀领导者会聚一流人才，并充分发挥其潜力，一定是在思想引领力、奖惩制度上同时发力，而领导者本人一定是胸襟开阔、目光远大、决断力超常的。

再次是创造性。

这是指领导者和他的团队能够创造性解决难题，这就意味着领导者本人要有创造力，他打造的团队也要有创造力。领导者本人有创造力容易理解，比如刘邦的领悟力；而优秀人才聚在一起却并不一定有创造力。我们看到很多企业在招聘时招的都是名校名专业的高才生，这些高才生在缺乏良性激励机制的企业里逐渐成为庸人；而一些企业招到的初中毕业的员工在良好的激励机制下，抓住有创造力的企业领导者提供的机会，做出了可能大学毕业的员工都做不出的科技创新成果。

中国企业发展到今天，已经到了与世界一流企业同台竞争的时刻，没有创新创造，就没有前途，所以，创造性是领导力的第三个关键词。

最后是解决难题。

改革开放前期三十年，是中国企业追赶世界先进水平的时段，这时候我们主要是学习吸收发达国家的经验，有难题，但有参照的榜样。近十几年来，中国企业面临越来越多的全新难题，这需要企业领导者将创造创新的潜力发挥到极致。

现代企业经营管理模式来自西方，面临在中国本土化的过程，尤其是中国企业进入价值链的中高端后，现代科技特别是数字技术、人工智能技术日益与制造、商业密切交融，如何将这些来自西方的科技及经营管理理念、方法、手段与中华优秀传统文化有机结合起来，在相当长一段时间里仍然是中国企业家的一个难题。本书介绍了一些优秀企业家的答案，但我们还需要更多的杰出企业家贡献更多的答案。

把这四个关键词都把握住了，领导者就打造出来了，领导力也自然在其中了。

二、领导力概说

我们认为，领导力由六个方面构成：价值观引领力、学习力、战略决策力、组织力、创新变革力、执行力。

1. 价值观引领力

价值观引领力是领导力中的首要因素。

价值观引领力说到根本，是对人的影响力、感染力、号召力。如前所述，人与动物的差别在于，人有思想，有感情，有意志，人在基本的物质欲望之外，还有超越物质需要的精神追求。一个社会发展到一定程度之后，价值观引领力将发挥越来越重要的作用。

古今中外，不管是哪个领域的领导者，要想赢得下属认同，都必须具备强大的价值观引领力。因此，一个领导者，从他的个人品格来说，做到正直、诚信、有担当、有激情，是塑造价值观引领力的第一步。但作为一个组织的领导者，仅仅以身作则是不够的，将一个组织打造得具有强烈的价值观引领力，使得这个组织在创始人离开以后，仍然能保持良好的价值观引领力，实现基业长青，这才是打造领导者价值观引领力的关键。

西方的企业管理实践与理论，在很长一段时间里，将人作为劳动力的物质功能的部分与人作为社会人、精神主体的部分分割开来，注重生产过程的科学化和标准化，最大限度地将工人的劳动潜力开发出来，至于员工在此过程中的社会角色、精神诉求，则基本不在管理者的视野中。

但大约在二十世纪七八十年代，随着日本企业的崛起，西方管理学界开始关注企业经营管理中“人”的因素，与此相关的企业文化理论应运而生，这是世界企业管理史上的“第四次管理革命”。由于最早感觉到日本企业竞争压力的是美国企业，最初的企业文化理论著作大多出自美国学者。1981 年出版的日裔美国管理学家威廉·大内的《Z 理论：美国企业界怎样迎接日本的挑战》、1981 年理查德·T. 帕斯卡尔和安东尼·G. 阿索斯合写的《日本企业管理艺术》、1982 年出版的托马斯·彼得斯与小罗伯特·沃特曼的《追求卓越——美国成功公司的经验》、1982 年出版的特伦斯·迪尔和艾伦·肯尼迪的《企业文化：现代企业的精神支柱》，这些论著有一个共同趋向，就是开始将“人”的因素摆到重要位置，在继续发挥科学管理、规范管理、制度化管理等优势的同时，开始注意弥补文化管理方面的不足，开始关注企业的宗旨和愿景，关注企业核心价值观的建立，强调塑造“教派般的文化”，这种趋势在最近二三十年中，在互联网企业中体现得尤为突出。

需要指出的是，对企业中“人”的精神性、创造性因素的重视，在 1946 年已经由著名管理学家德鲁克在《公司的概念》中提出。这本书是德鲁克应美国通用汽车公司总裁斯隆之邀，对通用汽车做了 18 个月调研后，出版的划时代的管理学巨著。在这本书里，德鲁克根本就没有讨论如何提高企业竞争力、如何改造生产管理方式这些企业经营管理的具体问题，而是提出工业社会时代大企业如何承担起建设和谐社会的责任；他高瞻远瞩，看到了西方科学管理在达到相当成熟的阶段后，必须关注企业中员工作为社会成员的精神因素，企业领导者要关注员工的感受，要想办法将员工的积极性、创造性激发出来。

从今天的角度看，德鲁克是正确的；但在1946年的西方世界，这种理念毫无疑问是过于超前的。斯隆在1964年出版了《我在通用汽车的岁月》，以表明与德鲁克不同的管理理念。一直到二十世纪七八十年代，德鲁克的理念才在美国企业管理实践中及理论界被逐渐接受。

在中国企业管理实践中，价值观引领力一直是一个优秀传统，这与中国文化特别重视“人”的因素、注重社会和谐、注重教育引导的传统有很大关系。从民国时期的张謇、卢作孚、荣德生，到改革开放后国企和民企中的众多优秀领导者，都高度重视价值观引领力建设。我们现在要做的是，在新的国际经济政治环境下，在新的技术条件和产业环境下，使价值观引领力这一中国企业管理本来就有的优势进一步升级跃迁。

2. 学习力

学习力包括领导者自身的学习力与领导者对学习型组织的打造两个方面。

杰出的领导者都是善于学习、不断在知识结构上自我更新的人。与自身工作、业务有关的各类专业知识固然是学习的重要内容，除此之外，领导者的学习力还涉及认识人性、认识自我、超越自我。

前面我们讲到，领导是通过示范、说服、命令等手段，动员下属实现群体目标的过程。在这个过程中，排在前面的示范、说服都属于软性手段，这就意味着作为组织的领导者，必须有出色的情商，能够全方位地、细致入微地了解人性，了解他人，了解自己与员工们的关系，了解自己的组织在公众心目中的位置，继而能够超越自己有限的视野，看到更广阔的天地，从而引领组织不断超越自我。

进入21世纪的20多年来，随着移动互联网、大数据、云计算、人工智能、区块链技术的飞速发展，在世界范围内新知识、新技术不断涌现，也推动着整个社会经济的加速发展，宏观经济和中观的产业环境、产业格局以及微观的企业状况在急剧变化，这都需要我们的领导者时刻关注。

与外部环境急剧变化相随的是员工心态、诉求的变化。在变化越来越频繁、变化速度越来越快的环境下，及时准确地把握员工心态、诉求，将企业打造成能够有效应对时代变化的学习型组织，把核心团队塑造成善于学习、不断进化的学习型团队，将是当今和未来优秀领导者必备的能力。

3. 战略决策力

战略决策力是领导者高瞻远瞩能力的表现。杰出的领导者必须能够比同行提前几年看到宏观经济形势、产业格局变化、技术环境变化对自身企业的影响，及时做出判断，做出战略决策。

京东方在1993年建立后，依靠与日本松下建立的合作关系生产彩色显像管，实现了盈利。但后来京东方的领导人王东升发现，从1995年开始，看上去一片大好的彩色显像管行业，一些外资彩色显像管公司以及零部件企业正悄悄退出中国市场。

经过研究，王东升判断彩色显像管技术将被淘汰，新技术即将登场。1998年，王东升开始寻找新的产业机会。当时平板显示领域有三大技术：等离子（PDP）、场发射（FED）、液晶（LCD）。三大技术中，等离子投资相对少，门槛较低，适合京东方这样当时技术和资金积累都不够雄厚的企业；而液晶更能代表未来发展趋势，但投资大，技术难度高。

后来，王东升与团队经过反复讨论，决定做最难做也最有前景的液晶显示屏。此后的京东方经历了学习、消化的过程，逐步掌握了液晶显示产业的核心技术，积极应对中国液晶显示产业“缺芯少屏”的“卡脖子”问题，把握产业自主权。目前世界上每四块显示屏就有一块产自京东方，2022 年它的专利申请量在中国仅次于华为。

需要指出的是，领导者在做战略决断时，由于掌握的信息不可能是完全全面充分的，做出的战略决策可能有瑕疵，甚至可能是错误的，领导者的心理承受能力以及调适能力在这里就充分体现出来了。

当这种情况发生时，领导者首先要保持战略定力，冷静分析战略决策中存在的问题，并寻找突破僵局的机会。

因此，战略在实际操作中常常是“边战边略”的。我们都不是全知全能的上帝，我们能做的是在确定大方向后，一边推进战略计划，一边复盘，总结经验教训，将战略不断完善。

4. 组织力

组织力是指领导者有效地整合资源、协调活动、达成目标的能力。

一个领导的组织力是在一定的组织结构中体现出来的，而一个企业的组织结构是根据企业的使命、愿景、目标而确定的。一个好的企业组织结构，能在竞争中拥有同行企业所没有的优势，能让这个结构中的员工尤其是核心骨干员工有归属感、凝聚力，能够把他们的工作潜力、创造性充分发挥出来，从而提高企业的工作效率，为社会提供更优质的产品和服务。在这个过程中，优秀人才不断涌现，团队能力不断强化。

在企业管理中，西方管理学者在对组织结构进行充分梳理与研究后，创造了较成熟的理论。如明茨伯格《卓有成效的组织》(*Structure in Fives*：*Designing Effective Organizations*，可直译为《五种结构：设计有效的组织》)，这本书分析了现代企业经营管理中最基本的五种组织结构：简单结构、机械式官僚结构、专业式官僚结构、事业部制结构、变形虫结构。这五种结构对应企业的不同发展水平、所面对的外部及内部环境，它们各有利弊，并没有绝对好或绝对不好的区别。一个优秀的领导者应当根据企业发展状况以及所面临的内外部环境，及时对组织结构做出变革，以使企业产生特有的组织群体模式，使优秀人才脱颖而出，使团队成为高绩效团队，远远领先于同行。

在移动互联网、云计算、大数据、物联网以及区块链日益普及应用于社会经济各个领域的今天，企业的组织结构也日益变得复杂，但不管怎么变化，都不外乎明茨伯格五种结构的不同混搭。

在组织力打造中，人力资源部门的作用非常重要。人力资源部门把守着两大关口：一个是进人关口，另一个是培训及干部选拔提升关口。在企业进人时，如果没有把优秀人才引进来，此后的选拔培养就成了无源之水、无本之木；而如果没有合适的培训及干部选拔晋升机制，优秀人才也无法不断涌现。在优秀的企业中，人力资源部门深度参与企业组织的打造。如华为有两个人力资源部：一个是传统的负责招聘、薪酬、培训工作的人力资源部；另外一个人力资源部，华为称之为“干部部”，负责华为干部梯队建设。

这就是华为在遭受美国全方位芯片断供后能够通过严峻考验的原因之一：有一支抗打击的、在逆境中争取胜利的领导团队。

5. 创新变革力

我们身处的时代日益 VUCA 化。VUCA 是指组织处于不稳定（Volatile）、不确定（Uncertain）、复杂（Complex）和模糊（Ambiguous）的状态。2018 年以来，逆全球化思潮抬头，脱钩断链现象此起彼伏。在国际政治经济环境发生剧变的同时，科学技术也在迅猛发展，导致产业格局不断重新洗牌。在这样一个 VUCA 时代，积极主动的创新变革是唯一的应对手段。

创新变革力在中国的企业经营管理中一直是一个突出的优势。在改革开放的前二三十年中，中国企业经营管理的创新变革力主要体现在时机把握、市场营销、广告宣传、商业模式等能够在短时间内发力的方面，而在经历了上述领域的创新变革之后，一些优秀企业继而在流程管理、组织结构、公司治理等科学化、规范化、制度化管理方面进行创新变革，使我国企业经营管理水平得到了进一步提升。

进入 21 世纪以来，越来越多的中国企业开始将创新变革力聚焦在原创性科技创新上，我国企业开始进入以科技创新为驱动力的转型升级的全新发展阶段。

6. 执行力

执行就是对已经确定的政策、法令、计划等的实施。执行力就是贯彻企业战略意图、实现目标的操作能力。执行力是把企业战略、规划转化成效益、成果的关键，简言之，执行力就是一个团队的战斗能力。

执行力是领导力的一个组成部分，这首先要求领导者本人是一个执行力超强的人，其次要求领导者通过核心团队的建立、科学的组织结构、有效的制度建设与企业文化熏陶，使整个企业形成一种强大的执行力。

在各种组织中，军队是执行力最强的，其在严格的纪律约束和文化熏陶下，高效率地完成各项任务。在改革开放前期二三十年的发展中，我国不少企业采取军事化或准军事化管理，使企业执行力倍增。当时我们还处于较低的经济社会发展水平，无论是企业还是员工，都有较强的脱贫致富的压力与动力，采用军事化或准军事化管理没有阻力或阻力较小。随着社会的发展变化，企业执行力的打造变得更加重要，同时难度也更大。

首先，企业员工已经由改革开放前期二三十年的“50后”“60后”“70后”转变为“80后”“90后”“00后”，老一辈员工为了摆脱贫困而加班加点工作的态度不再流行，取而代之的是平衡工作与生活的态度，对自身权益、个性的重视。

其次，越来越多的企业开始向价值链的中高端跃迁，与之相应的是员工素质的提高。在这些转型升级的企业中，曾经有效的军事化或准军事化管理模式，无疑显得简单粗暴，也是过时的。

最后，中国企业正在深度嵌入全球化进程，其中一个发展方向必然是国际化，但由于中国经济社会的稳健崛起引起一些西方国家的顾虑，断链脱钩、“小院高墙”等对中国企业国际化发展造成一些阻碍，这就更加需要企业提升执行力。

如何在全新的国内外形势下激发员工积极性、创造力，增强企业员工执行力，对于中国企业领导者来说，将是一个全新课题。

第二节　融入中华优秀传统文化

本书着重从《易经》、儒家思想、道家思想、法家思想、兵家思想、禅宗思想六个方面讨论现代领导力提升对中华优秀传统文化中相关内容的继承和传统领导力思想的创造性转化及创新性发展。之所以选择这六家思想，是因为它们各自有着鲜明的特色，同时与现代企业的经营管理有着深厚的联系，使现代领导力提升更具探讨的空间。

《易经》是中华优秀传统文化中的“群经之首”，被誉为“大道之源”，是儒家、道家、兵家、法家等思想的重要来源。本书单独论述《易经》思想，就是为了从根源上探究中华优秀传统文化对现代领导力提升的基础性作用。儒家思想是中华优秀传统文化的主导性思想体系，其内圣外王思想构成了中华文明的神圣价值体系，一直影响到现在。道家专注于对宇宙自然和人类社会根本大道的探求，通过对根本规律的探求达到无为而无不为的境地。法家特别重视制度、规范的制定与实施，在现代社会日益复杂多元的环境下，法家的法、术、势思想有创造性转化和创新性发展的空间。兵家与《易经》思想和道家思想有密切关联，兵家思想的战略前瞻力和执行力，在现代企业的经营管理中有着很大的创新潜力。禅宗是佛学中国化的成果，六祖慧能将印度的佛学思想与中国本土社会特点和传统文化有机融合，创造出为中国普通民众所接受的佛学思想形式，更重要的是，它蕴含一种直觉顿悟的思维模式，为中国的思想创新准备了思维形式。

一、《易经》

在中国历史上，黄河流域、淮河流域经常发生洪涝灾害，我国古代就有大禹治水的传说，而商朝反复迁都也与此有关。在有明确文献记载的历史中，从公元前 206 年至 1949 年的 2155 年间，中国发生的较大洪涝灾害有 1092 次。黄河在 1949 年前的 2155 年间决口 1500 多次，改道 26 次，每次决口和改道都会造成巨大的灾害。淮河流域在 1400—1900 年发生水灾约 350 次。长江中下游在历史上平均每十年发生一次大洪水。邓拓在《中国救荒史》中指出，从公元前 206 年到现代的 2000 多年中，旱灾平均每两年一次，水灾平均每两年也有一次。这种艰难的自然环境孕育了血脉骨髓中的忧患意识。同时，中华民族发源地也是人口众多、竞争激烈的地区。正是在这样错综复杂的自然与社会环境中，诞生了中华民族早期思想经典《易经》。

《易经》源于远古时代伏羲所作的八卦体系。作为中华民族人文始祖，伏羲在观察研究了宇宙自然的运行规律后，确立了“一阴一阳之谓道”的简洁直观的思维方式，认为影响宇宙自然和人类社会的因素，可以高度抽象为阴、阳两种元素。阳就是积极主导的因素，在伏羲最初的认知中，那就是太阳；而阴就是辅佐完成的因素，那就是与阳相反的情况，包括照不到太阳的地方、晚上、阴天等。伏羲八卦体系最初就是用八卦来对应八种自然物象，用以分析、预测大自然中对人类及动植物影响最大的天气和四季变化，以便人类更好地应对自然变化。伏羲八卦体系还包含着天人合一的观念，也就是认为人类是从大自然中演化而来的，因此，人类首先要顺应自然，遵循自然规律。人类在掌握大自然规律后，可以进行积极主动的创新创造。在伏羲八卦中，三个爻构成一个卦，最上面的爻对应“天”，最下面的爻对应“地”，而中间的爻对应“人”，表达的就是天人合一的理念。

《易经》可能产生于商末周初，由周文王姬昌和他的儿子周公姬旦二人共同完成，是在伏羲八卦的基础上，对伏羲八卦思想的进一步发展。当时是商朝末年，商纣王的大臣西伯昌（后来的周文王）被囚禁于羑里，在七年时间里，西伯昌将伏羲八卦两两相重，演化为六十四卦，使得原本主要用以分析大自然变化的八卦体系发展成为涵盖宇宙自然以及人类社会的完整体系，对此前的中国古代政治智慧、人生智慧以及竞争谋略进行系统梳理，形成了我国最初的战略思想。《易经》中的战略思想，除了大道至简的思维方式，还包括贯通宏观、中观、微观的战略视角和在变易中把握战略动态平衡的思想。

在中国历史上，很多杰出人物都擅长战略规划与战略实施，如周文王、周武王、姜太公、张良、诸葛亮、李泌、刘基、王阳明等；在现代企业经营管理中，很多中国企业家擅长观察国内外经济政治大势，准确抓住机遇，顺势发展。但需要指出的是，随着中国经济的稳步发展，中国企业竞争已经进入高水平发展阶段。依靠机遇把握、市场营销创新就可获得发展的情况将越来越少，而依靠扎实的原创性科技创新以及全要素生产率的提升来强化企业竞争力将日益成为主流。在战略管理上，企业领导者不再仅仅依靠对形势、政策的准确判断和对机遇的及时把握，还需要科学的战略管理工具、管理流程、管理方法，使源于《易经》的战略思维优势在复杂的现代管理中得到创造性转化和创新性发展。

令人欣慰的是，在最近一二十年中，这种创造性转化和创新性发展已有成功案例。

二、儒家

本书讨论的儒家思想分为先秦儒家和王阳明心学两个部分。我们认为，从儒家思想与领导力提升的关系这一角度看，先秦儒家和王阳明心学既有密切联系，也有重大差异。我们分别论述，使其中的不同凸显出来，有利于企业领导者学习和借鉴。

1. 先秦儒家领导力思想

先秦儒家领导力思想主要表现在价值观引领力、组织力思想和创新思想方面，其中价值观引领力、组织力思想是重头。价值观引领力是先秦儒家领导力思想精华所在，内圣外王是其终极追求。组织力思想包括修己安人、教育引导、忠于职守等几个方面，其要旨就是领导者首先用正确价值观修炼自己的心性品格，然后用正确价值观教育引导核心团队和全体员工，使整个组织形成积极向上的组织文化，提升组织力。

儒家思想虽然是在春秋时期孔子明确提出“仁”“礼”思想后成为重要的思想流派，但其在远古时代已有雏形。在中国神话传说中，神话人物大都是关心民众、为民造福的英雄，如为治水三过家门而不入的大禹、为解除百姓炎热之苦而射日的后羿等。正是因为有这样的精神文化资源，孔子、孟子的学说中进一步形成了“仁者爱人”“仁政”思想，成为中华民族对于领导者的基本价值设定，中国人无论是领导者还是普通百姓都深受其影响。

在中国古代，尧、舜、禹、商汤王、周文王、周武王、周公是孔孟心目中的圣君，而后世的汉文帝、唐太宗、宋仁宗是践行儒家理想的明君。

这种内圣外王的思想，对不同的中国企业家有着不同程度的影响。践行这种思想的佼佼者实际上是把企业经营管理与奉献社会联系在一起，如状元实业家张謇、民生航运公司的卢作孚，他们将经营管理企业作为实现人生理想的一种方式，主动将一部分企业收益投入地方社会公益事业中，直到现在还为人称道。

当然，企业是一种营利性组织，我们不能要求所有的企业家都成为张謇、卢作孚，但从先秦儒家领导力思想中汲取养分，发展现代企业领导力，是十分必要和有意义的。

从世界企业管理实践和理论发展来看，西方管理原本并不重视价值观引领力、组织力的打造。二十世纪八九十年代，日本企业文化管理、人性化管理的成功实践引起西方管理学家重视，注重价值观引领力、组织力的企业文化理论由此产生，并在最近二三十年中随着高科技企业的发展被进一步发扬。

从我国的企业管理实践看，民国时期的企业家如卢作孚、荣德生等已自觉运用先秦儒家思想的价值观引领力、组织力思想，取得了较好的成效，企业家王永庆所总结的台塑集团经营管理理念“勤劳朴实、止于至善、永续经营、奉献社会”，就出自儒家四书之一《大学》中的“大学之道，在明明德，在亲民，在止于至善”。

在十几年研究中国企业经营管理的过程中，我们的一个切身感受是，在最近十几年时间里，价值观引领力被日益重视，文化管理、人性化管理得到越来越广泛的认同。一方面，中国一些互联网企业从西方高科技企业中汲取文化管理、人性化管理的有益做法，与我国国情、企业员工的状况相结合，发展出我们的价值观引领力、组织力思想；另一方面，我国一些传统行业的企业自觉地践行先秦儒家思想，结合所在行业特点，也在领导力方面取得了创新成果。

2. 王阳明心学思想

王阳明心学是中国传统思想中将儒、法、道、禅思想有机融合的思想创新，王阳明是传统领导力实践的集大成者，实现了“立德、立功、立言”的理想。

王阳明心学诞生于明朝中期，当时传统儒学在宋明时代的新发展——程朱理学已失去号召力，士大夫普遍存在着信仰危机。王阳明创立心学，就是要解决儒家学说在新的历史时期的发展问题——程朱理学空疏清谈之弊。

中华优秀传统文化的宗旨是经世致用，也就是要解决现实的社会问题，化解时代危机。先秦儒家思想的优点在于立意高远、目标宏大，而不足则是缺乏落实的措施和手段，这就是孔子和孟子被后世追奉为“至圣”和“亚圣”，但一生颠沛流离，无法实现政治理想的原因。他们的思想只被表面上尊崇，被实际运作的则是法家等的思想和手段。

王阳明生于传统士大夫家庭，有着良好的儒学修养，同时，其道家和佛学造诣也很深厚。经过长期的思想探索后，王阳明以龙场悟道的直觉顿悟方式，将道家思想和佛学思想有机融合，创造出心学思想，激发出儒学的创新活力。更重要的是，王阳明在45岁以后以心学智慧分别平定了湘赣闽粤内乱、宁王叛乱、广西内乱，使王阳明心学经受了实践的砥砺，也将法家、兵家思想有机融合进了他的领导力实践中。

王阳明心学的领导力思想主要体现为知行合一、重视信仰、注重实践，以打造“不动心”来塑造过人的心理素质，创造性解决难题。

企业经营管理本身千头万绪，领导者需要经受种种磨炼。在中国经济转型升级的今天，企业面临更为艰难复杂的环境，不仅要承受国内外环境的极致考验，还需要积极主动地进行科技创新、管理创新，才有可能跨越险滩暗礁，进入更为广阔自由的境地。在这样的时代里，王阳明心学的领导力思想将有更大的用武之地。

三、道家

本书所讨论的道家思想主要指老子及其后学的思想。道家思想与《易经》思想有着密切联系，在相当高的程度上，老子的《道德经》是对《易经》思想中有关宇宙人生规律的思想的继承与发展。

企业经营管理是经济的微观表现形式，它有自己独特的规律。在这方面，道家有其天才的领悟力。《史记·货殖列传》记载了道家后学计然关于商品价格规律的论述，极为精到。“夏则资皮，冬则资絺，旱则资舟，水则资车，以待之也”，意思是，夏天的时候准备皮货，冬天的时候准备细葛布，天旱的时候准备船，发大水的时候准备车辆，就是打算在缺少这些东西的时候让这些东西派上用场。“……论其有余不足，则知贵贱。贵上极则反贱，贱下极则反贵。贵出如粪土，贱取如珠玉”，意思是，只要搞清楚哪些商品是供过于求的，哪些商品是供不应求的，就可以知道哪些价格要下跌，哪些价格要上涨。因此，某种商品价格上涨到一定程度，由于供应增加，需求减少，价格就会下降；相反，某种商品价格下跌到一定程度，就会上涨。趁价格上涨时，要像倒掉粪土那样赶快把货物卖出去；趁价格下跌时，要像求取珠玉那样赶快把货物收进来。与计然的观点一致，春秋时期的著名商人白圭的“人弃我取，人取我与”“乐观时变”实则也是道家思想在商业上运用的结果。

中国商业在春秋时期已经达到了第一个高峰，此时出现了两个商界著名人物。

一个是齐国国相管仲，以工商手段帮助齐桓公成为“春秋五霸”之首。当时的齐国和鲁国都生产一种白色的绢，齐国生产的叫“齐纨”，鲁国生产的叫“鲁缟”，这两种绢在当时各诸侯国都是畅销商品。为了削弱鲁国的实力，管仲精心策划了“齐纨鲁缟”的粮食贸易战。先是齐桓公和大臣带头穿鲁缟做的衣服，上行下效，一时鲁缟需求大增；然后管仲下令禁止齐国人穿齐纨做的衣服，齐国所有的鲁缟全部从鲁国进口，让鲁缟在齐国的价格暴涨；同时，对来齐国贩卖鲁缟的鲁国商人予以重金补贴。时机一成熟，管仲突然下令，禁止进口鲁缟，也不许出口粮食。十个月后，鲁国发生饥荒，“人误地一时，地误人一年”，这时改种粮食也来不及了，存粮也严重不足。三年之后，鲁国发生大饥荒，空有堆积如山的鲁缟，老百姓却没有饭吃。鲁国国君只得向齐桓公求情，请求齐国提供粮食。另一个是商圣范蠡，他先是以发展经济等手段帮助越王勾践灭吴，后功成身退，传说他携西施泛舟五湖，后定居齐国陶地经商，终成一代商圣。这两个人的经济思想和商战理念都达到了中国古代的巅峰水平，而他们的哲学基础全部来源于老子的道家思想。

道家思想中关于领导力提升的思想集中体现在对遵循规律的强调，如“无为而无不为”“圣人无常心，以百姓心为心”“以正治国，以奇用兵，以无事取天下”“清心寡欲”“弃圣绝智”。老子《道德经》通过不同角度的论述，反复凸显的就是这样一个思想内核。

四、法家

法家思想最突出的贡献就在于制度建设和规范管理。在中华优秀传统文化的诸家思想中，儒家主要提供价值观引领，道家主要提供思维方式、方法论，而法家则在儒道两家基础上提供关于权力运行的管理工具和管理技术，法家思想的本质是逻辑严密的工具理性。

从思想来源上看，法家思想是从道家思想和儒家思想中汲取养分，经过融合转化而形成的。也正因为是在道家和儒家基础上创新而来，法家十分重视在现实社会中的运用功效。法家有非常鲜明的改革开拓精神，这在《商君书》《韩非子》中体现得尤为突出。在中国历史上，大部分改革人物都有明显的法家倾向。

但需要指出的是，传统的法家治理模式是在人治背景下设计和实施的，其高效实用的背后，往往是底层民众的不对等的无限付出。因此，单纯使用法家思想和方法进行管理，只适合短期的紧急状态，难以长期实施。

在中国传统社会中，既深刻认同儒家价值观引领作用，又深刻认识到法家制度建设和规范管理的作用，较好地将二者结合起来付诸实施的，一是王阳明，二是曾国藩。儒家塑造人心，法家约束言谈举止，二者结合，可以大大提升组织的凝聚力和执行力。

在最近二十多年里，在我国国企和民企中都出现了一些这样的企业家，他们将儒家思想与法家思想有机结合，充分发挥制度建设和规范管理的优势，并在民主管理、员工权益保护、人性化管理、人文关怀上发力，他们毫无疑问是现代领导力探索中的翘楚。

五、兵家

中国的兵家思想以《孙子兵法》为代表。作为一部著名的军事著作、战略著作，它除了有一定量的军事、战略论述外，更多的内容是有关心理、人性、心性修为的论述，这在一般的现代军事著作、战略著作中十分少见。而这正是《孙子兵法》的价值所在。

兵家思想的核心是取胜，取胜的关键在于将帅。因此，《孙子兵法》对将帅素质与将帅可能面临的危险做了充分的梳理与阐述，同时特别强调领导者对于内外形势及其变化的把握、对于自我与他人的正确认识以及对策的及时调整。

在某种程度上，企业的经营管理与将帅指挥战争有相似之处。将帅对大势判断失误，很可能导致灭顶之灾；将帅在应对战局变化时失措，也可能带来惨败。

因此，一个组织的最高领导者，他的主要工作不是维持组织日常运行，而是预留时间，分析研判组织内外环境变化、国内外形势变化，预先谋势布局。

2019 年美国开始在核心技术上打压华为时，华为有三大业务板块：消费者业务最大，运营商业务（CNBG）次之，企业业务再次之。美国对华为断供芯片后，受影响最大的是华为的消费者业务。对此，华为创始人任正非说："三个板块不是哪个板块赚钱多，哪个板块地位就高。我们最重要的板块还是 CNBG，也就是网络连接这个部门，因为这个部门才是世界第一，美国要打我们，实际上打的就是这个部门。但是，今天来梳理的话，发现这个部门困难少，别的部门困难多，为什么？因为准备时间太长了，所以困难反而少些。像 5G、光传输、核心网等，我们估计不仅不会受到打击，还会长期领先世界很多年。"如今，6 年时间过去，证明了 2019 年任正非判断的准确性。华为在 2020 年营业收入达到 8000 多亿元巅峰后，2021 年由于芯片断供，营收下降到 6000 多亿元。面对此种逆境，华为一方面积极进行高端芯片的研制，另一方面积极开拓企业业务和电动车技术支持业务，在 2023 年 8 月，成功推出全国产 5G 手机 Mate60Pro，成功挫败美国的技术打压。

目前中国国内企业转型升级，赛道转换，全球化的产业链已经受到美国等部分西方国家脱钩断链、“小院高墙”等政策的影响而呈现区域化、碎片化、本土化、短链化趋势，中国企业所面临的环境空前复杂艰难。

中国的企业，尤其是在技术上领先、产业链完整度高、在市场份额上占据优势的企业，已经成为一些国家的重点限制、打压对象，而这些企业往往又有一定的市场份额在国外甚至在发达国家。在这样的形势下，《孙子兵法》对领导力的论述对企业家领导力提升有着及时、重要的启发作用。

六、禅宗

我们在这本书里所讲的禅宗是指六祖慧能创立的南宗禅，它是佛学传入中国后逐步进入本土化进程，在六祖慧能手中完成了革命性转变的结果。

佛学本是来自印度的一套严密的思想体系，其经典浩繁，经义艰深，即使是专业学者皓首穷经也未必能读完并彻悟那些经典。更重要的是，佛学来自印度，有其原本的产生、发展的背景与逻辑，所以它自传入中国开始，就开启了在异地生根、开花、结果的进程。

佛学的核心理念有两个：一是对人生痛苦、烦恼的解脱，二是对他人、社会的慈悲之心与慈悲之行。佛学的几乎所有著作都围绕这两大主题展开论述。印度佛学有一套独有的逻辑体系，使得佛学思想体制宏大，逻辑缜密，分析细致入微，与中国传统文化重视直观、直觉、感性的经验式思维方式有很大差异。印度佛学自东汉明帝时传入中国，就有无数中外高僧大德及佛学学者通过翻译、撰文论述、注疏等方式，引进、消化印度佛学，初唐的玄奘法师带着大批佛经从印度回来后，组织人员进行大规模译经，这种引进、消化以此为标志达到了高潮。一方面，这一进程使中国传统思维方式趋向缜密严谨，也丰富了汉语词汇和汉语表达形式；另一方面，在长达600多年的消化吸收印度佛学的过程中，中国人逐渐将印度佛学的核心理念与中国传统文化的理念及思维方式有机融合，最终由六祖慧能创造出完全本土化的佛学思想——禅宗。

六祖慧能本“不识字”，属于中国传统社会中人数最多、最普通的群体，但他又是最有慧根、最具悟性的天才。慧能《坛经》紧紧围绕佛学的上述两个核心理念进行本土化创新，抓住关键问题道破天机：既然佛学的根本目标就是对人生痛苦、烦恼的解脱，以及对他人、社会的慈悲之心与慈悲之行，那么人一旦通过直觉、顿悟的方式彻悟了这一关键所在，并践行这一理念，不就获得了无上正等正觉，获得了最高智慧，也就是成为活生生的佛了吗？

所以五祖弘忍读到慧能的偈“菩提本无树，明镜亦非台。佛性常清净，何处有尘埃”时，马上改变主意，决定把衣钵传给慧能。

慧能来自民间，生长于社会底层，如果他能通过自悟理解佛学真谛，那么无数的底层百姓也可以通过这种方式理解佛学思想。只有让最广大的普通百姓理解并接受的思想，才真正是本土化、大众化的。

正是在这个意义上，我国哲学史家任继愈先生在《农民禅与文人禅》中提出的“农民禅”概念，十分贴切，也道出了慧能禅宗思想的平民特征和世俗化倾向。

事实上，从文化精神上看，中国化的禅宗与印度佛学有相当明显的差异。印度佛学有相对浓厚的悲观厌世的气息，我们即使只读短小的《金刚经》《心经》也可以体会；而如果读中国禅宗经典如《坛经》《五灯会元》，我们在中国禅师们呵祖骂佛、棒喝门庭的怪异举止中，能更多地体会到对现世生命的珍视、对创造力的激赏、对不羁天才的激发。

在一定程度上，禅宗把印度佛学中的悲观绝望淡化了，而凸显的是对创新创造的无限追求。

印度佛学的本土化之所以由一个底层人物完成，是因为佛学“四大皆空”的学说与儒家内圣外王的追求相距实在太远，主流社会对于印度佛学多少是有排斥心理的。上流社会中遁入空门者大多是政治失意者。这就给了慧能创新的机会。

慧能的革命性行为使禅宗既保留了印度佛学最核心的诉求，又具有鲜明的积极乐观、重视现世人生的中国气派，因而很快为社会上层的文人阶层所接受并发扬光大，从而由最初的“农民禅”演化为“文人禅”。

对于现代企业经营管理者来说，禅宗的启示在于：第一，悟性是创新的关键；第二，悟性建立在对所处社会环境、思潮、人心人性的深刻体察的基础上；第三，实践出真知，创新从来都来自前沿、前线，要在实践中不断提出并践行新设想、新创意，在实践中不断试错、调整、完善。

中华优秀传统文化的领导力思想，在诞生之初就是综合的，发展到最后阶段也是融合的趋势，在实际应用中也大多以融合的方式进行。在现代企业经营管理中，中国传统领导力思想的创造性转化和创新性发展，也是以融合的方式进行的。

第二章

《易经》思想与现代领导力提升

第一节 《易经》思维方式与系统思维方式的关系

一、《易经》战略思维

战略，是一种从全局出发、以实现全局目标的规划。战略是一种长远的规划，包含着远大的目标。战略思维就是从全局、从宏观、从长远的角度观察事物、思考问题、解决问题的思维，就是要在错综复杂的环境中找到关键问题，找到问题的突破口，从而从根本上解决问题。

《易经》思想与领导力提升关系最密切的就是其中的战略思想。

1. 大道至简的思维方式

《易经》战略思想中最重要的就是大道至简的思维方式，这种思维方式有利于领导者高屋建瓴，在纷乱复杂的环境中迅速找到问题的关键因素，准确做出判断，制定正确的战略并加以实施。

《易经》大道至简的思维方式，源于伏羲创立的八卦体系。八卦由阴、阳两个元素构成：阳爻用不断开的一根横线“—”表示，阴爻用断开的两根横线“--”表示。伏羲将阳爻和阴爻按照每个卦三个爻进行组合，最后形成了八个不同的卦，这就是八卦。这八卦代表八种物象，人们通过八卦来分析、预测天气与四季的变化。同时，由于人类本身来自大自然，因此，八卦又可以代表人类社会的最小单位——核心家庭中父母以及他们的六个儿女（见图 2–1）。这样，八卦体系就建立了我国最早的对于宇宙自然和人类社会发展变化规律进行分析、预测的天人合一体系。而伏羲建立这样一个系统时，距今大约 5000 年。

《易经》大道至简的思维方式，用一句更耳熟能详的话来说就是“一阴一阳之谓道”，用更直观的形象来表示就是太极图（见图 2–2）。

卦形	☰	☳	☵	☶
卦名	乾	震	坎	艮
卦象	父 天	长男 雷	中男 水	少男 山
卦象	地 母	风 长女	火 中女	泽 少女
卦名	坤	巽	离	兑
卦形	☷	☴	☲	☱

图 2-1　八卦卦名、卦形、卦象

图 2-2　太极图

一对阴阳鱼相互对立又相互依存，而且阴中有阳，阳中有阴，二者之间是一条曲线而不是直线，表明二者除了对立关系之外还有相互转化的关系。

《易经》大道至简的思维方式从表面看简单易懂，而在实际运用中十分复杂微妙。这种思维方式已经渗透到中国传统文化的各个方面，如哲学、经济、国家治理、战争、建筑、中医、武术、围棋。我们以围棋为例，可以最直观地展示大道至简的简洁明了与错综复杂。

围棋只有黑白两种棋子，就像阴阳鱼一样。在对弈之前，棋盘上一个子都没有，这象征着中国传统哲学的基本理念：有生于无。这个“无”并不是什么都没有的“无”，而是包含无限可能的“无”。

围棋对弈的终极目标不是吃掉对方的棋子，而是最大程度地占据棋盘空间。因此，从第一个落子开始，高明的棋手就在进行战略布局，整个对弈过程就是一种战略制定、实施和战略调整、完善的过程。

最值得称道的是，围棋只有黑白两种棋子，完全符合中国传统的大道至简的思想，但它的变化数量却是10的170次方（原子数量约为10的154次方），而西方代表性棋艺国际象棋的变化数量只有10的70次方。

这种思维方式，被德国数学家、哲学家和逻辑学家莱布尼茨称为蕴含着二进制基因的思维方式，是将宇宙自然和人类社会的所有事物高度抽象后形成的二元结构的思维模式。这种思维模式不以精确的数学计算为目标，而是以在错综复杂的环境中快速找到破局的对策为根本宗旨。

这种二进制思维模式对上下、前后、左右、尊卑、内外、亲疏、男女、长幼、夫妻、兄弟、父子、君臣、师生、长期与短期、激进与中庸、积极与保守、敌我、和战、胜负、生死、利害、进退、强弱、攻守、动静、虚实、众寡、勇怯等相互对立而又相辅相成的因素进行复杂而又高效的推演梳理，最终做出正确决策。《易经》六十四卦、三百八十四爻的卦爻变化，就是通过与之相应的卦辞、爻辞的解释，来探究、分析宇宙自然和人类社会的发展变化规律。

《易经》被称为“大道之源”“群经之首”，就是这个原因，而《易经》的艰深微妙也在于此。被梁启超誉为“明代第一流政治家”的张居正在《答胡剑西太史》中这样称赞《易经》:“窃以为六经所载，无非格言，至圣人涉世妙用，全在此书。自起居言动之微，至经纶天下之大，无一事不有微权妙用，无一事不可至命穷神，乃其妙即白首不能殚也，即圣人不能尽也，诚得一二，亦可以超世拔俗矣。”意思是：儒家六经，大部分只是道德格言，唯有《易经》一书，讨论的是上到国家治理下到日常起居、为人处世各个方面的应对之策；这本书的精妙之处，即使是圣人也不能穷尽，一个人能够学到其中一两个方面的精华，就已经卓然超群了。

正是因为这种历史悠久的思维方式，中国春秋时期就出现了世界上最早的战略名著《孙子兵法》，战国时期就出现了最早的博弈论实践——田忌赛马。博弈论是研究人们在博弈中如何决策的理论，这一理论可以用于战略分析和决策，形成战略分析和决策的重要方法论。而西方最早的可以与《孙子兵法》相媲美的战略著作是 19 世纪 30 年代克劳塞维茨的《战争论》，博弈论的出现更晚至 20 世纪上半叶。

应用大道至简的战略思维方式自古至今都有很多著名案例，在近十几年来的中国企业竞争中，美团在团购市场的胜出，首要的原因就是对团购本质的彻悟及针对这一市场的精准的战略措施。

美团创始人王兴在进入团购市场时，发现团购的本质就是用移动互联网平台服务每个城市的企业。这些企业很多是小微企业，都需要互联网平台服务。要想在这一市场做成全国第一，就必须在服务商家和服务消费者上同时做到最好。美团因此做出了团购行业“三高三低”的战略判断：对于客户，提供“高品质、低价格”的服务；内部运作追求“低成本、高效率”；行业定位是“高科技、低毛利”。

根据这一判断，美团从以下几个方面制定战略并加以实施：基于终局判断的田忌赛马式的战略制定；商户供给优先的竞争策略；科技降本提效。

所谓基于终局判断的田忌赛马式的战略制定，指的是从博弈的结局倒推战略措施。美团认为，团购具备规模效应和网络效应，最终会形成行业“721”格局：老大占70%，老二占20%，剩下的分10%。在当时的团购市场上，大部分团购平台将主要资源集中在一线城市。美团认为一线城市竞争太激烈，不宜投入全部力量，而小城市市场价值较低，也不值得马上投入。美团把覆盖的70多个城市分成S、A、B、C、D等级别：S级是“北上广深”这样的一线城市，以一定的资源打持久战；A、B级是各省省会，加上宁波、苏州这样的非省会副省级城市，要集中资源重点突破；C、D级是其他相对小的城市，这些城市美团先不进去，等竞争对手退出后，美团再进入这些被培育过的市场。美团的这一战略使其迎来了最后的胜局。

商户供给优先的竞争策略是经王兴6次邀约终于加入美团担任首席运营官的干嘉伟提出来的。干嘉伟在美团负责地面销售业务，他在观测业务数据时发现，商户供给数量与业绩有很强的相关性，因此，他提出增加商户供给。2012年，干嘉伟推出“谷满仓”内部激励活动，美团的地推团队进入“业绩为王”时代；2013年，干嘉伟带领美团抢占了团购市场近60%的市场份额，同年11月，美团首次实现全年盈利。

科技降本提效指的是通过分析业务数据，对比每个渠道的营销性价比，优胜劣汰。美团率先上线了商家半自动结款系统，给地面销售人员配上iPad来做商家录入，最终以比竞争对手规模小得多的财务团队管理相当于对手几倍的商户。

2.《易经》注重事物发展过程、注重事物之间关系、注重将事物作为整体来研究的思维方式

《易经》作为中国传统战略思维的渊薮，其思维方式具有注重事物发展过程、注重事物之间关系、注重将事物作为整体来研究三大特征，这与现代的系统思维方式有很强的一致性，这给我们今天的领导者结合企业经营管理实践，将《易经》战略思维与现代系统思维方式融会贯通，发展出现代战略决策力留下了广阔空间。

注重事物发展过程是《易经》思维方式的首要特征。“易”既是简易之“易”，又是变易之“易”，而变易之“易”是《易经》最核心的探究对象。八卦构建宇宙认知的基础框架，六十四卦则进一步研究宇宙自然与人类社会的变化。六十四卦是一个不断发展变化的大系统，每一个独立的卦则是一个小系统，都不是恒定静止的，而是时刻处于发展变易之中。因此，中华民族既有在兴盛时期的忧患意识，也有能在艰辛危难中看到光明的自信。

注重事物发展过程的思维方式提示我们所有的企业领导者，没有一种方法能够包治百病。一种方法、措施、模式在解决了一些问题的同时，可能会产生其他问题，最重要的就是始终关注事物的发展趋势，在问题还没恶化、僵化之时及时解决。

比亚迪在创业的早期，由于资金有限，创造了以熟练工人加关键设备代替先进国家的全自动化生产线的生产方式，效果很好，这奠定了比亚迪产品高性价比的基础。王传福由此不断升级，打造出比亚迪生产的垂直整合模式，公司将产品链条的全部或者大部分纳入内部，对整个上下游实行强管控。2010 年，比亚迪的汽车零部件除了玻璃和轮胎之外，几乎都是自产自销，就连广告都是自己设计，这与全球化分工的国际趋势是背道而驰的。

这种垂直整合模式的弊端逐渐呈现：产品质低价高、腐败、机构臃肿、效率低下……。王传福正视问题，从2012年开始推行事业部公司化，同时将一些没有竞争力的业务关停并转；采购先进设备，引入国际供应商，采购关键零部件。到2015年，比亚迪的零部件自制率从80%降至50%左右，接近国内平均水平。

比亚迪的这一案例充分说明，世界永远在变化中。“穷则变，变则通，通则久”是唯一的应对之策。

注重事物之间关系是《易经》思维方式的第二个特征。阴阳、男女、长幼、夫妻、兄弟、父子、君臣、敌我、和战、胜负、生死、利害、进退、强弱、攻守等相对的双方既相互对立又相互依存、相互影响、相互转化。

2018年，中美贸易摩擦及芯片断供等事件对中国的外贸和高科技企业产生了一些不利影响，但这种不利环境对中国企业也有正面影响。第一，使中国企业强烈意识到科技创新的重要性，也给中国高科技企业带来了发展机遇。如光刻机，因其市场小，研发难度高，成本高，在不受外部打压的环境下，中国自己研发生产的光刻机找不到市场，很难发展，高端芯片的研发生产也是如此；但在遭受外部打压的环境下，这些产品获得了生存发展的机遇。第二，贸易战激发中国企业向价值链中高端发展的动力，使得中国制造向中国创造转变，中国速度向中国质量转变，中国产品向中国品牌转变。以新能源汽车企业比亚迪为例，在一些国家的打压下，比亚迪不仅销售量居于世界新能源汽车行业首位，而且质量、科技含量很高。

注重将事物作为整体来研究是《易经》思维方式的第三个特征。这一特征在《易经》中最突出的表现就是天人合一的理念，人作为在自然中诞生的万物之灵，首先要顺应大自然的规律，学习、掌握大自然的规律，以实现与自然的和谐共存。对于人类社会，《易经》根据阴阳理论区分男女、长幼、夫妻、兄弟、父子、君臣、尊卑、上下等相对应的关系，也是从整体的角度去研究、分析的，一方的存在必须有另一方相对应，失去一方则另一方不复存在，二者是一个整体，正如阴阳鱼相辅相成构成一个圆满的太极图一样。将事物作为整体来研究在中医理论中体现得更加明显，影响至今。中医理论认为，人体是一个有机的整体，人体内部充满着阴阳对立统一的关系，疾病的发生和发展是原本正常的阴阳关系失去平衡所致。因此，中医理论运用阴阳观点来诊断病变的部位、性质及各种病症的属性，并通过综合分析辨别和确定疾病的本质。

二、现代系统思维方式的起源和发展

与《易经》思维方式注重事物发展过程、注重事物之间关系、注重将事物作为整体来研究的特征不同，西方传统思维更注重事物的内在结构，注重研究实体本身，更强调从静态的、机械的、微观的角度去研究事物本体。这种思维方式在奥地利理论生物学家贝塔朗菲（Ludwig von Bertalanffy，1901—1972）提出系统论思想后被彻底改变。

贝塔朗菲毕业于维也纳大学，获得的是哲学博士学位。此后，贝塔朗菲的研究与教学在生物学、生理学、心理学、社会学、哲学等不同学科间转换。除了上述学科外，他还广泛涉猎医学、行为科学、历史学等学科。正是在这种跨学科研究中，贝塔朗菲创立了对 20 世纪具有深远影响的一般系统理论。

贝塔朗菲最初研究的生物学背景，使得他在 20 世纪 20 年代就反对生物学研究中的机械论思想，主张把生物有机体当作一个整体或系统来考虑。这是贝塔朗菲系统论的雏形。1932 年，贝塔朗菲出版《理论生物学》，后来又出版《现代发展理论》，进一步论述了整体性原则，提出用数学和模型来研究生物学的方法和机体系统论的概念。1937 年，贝塔朗菲在美国芝加哥大学任教，提出了一般系统论原理。

1954—1955 年，贝塔朗菲受邀成为斯坦福大学行为科学研究中心的研究员。在这里，他为系统论思想在社会中普及和深入做了大量的工作。他同拉波波特等人一起建立一般系统论研究会，创办《一般系统年鉴》等杂志。1968 年，他发表重要著作《一般系统理论》（该书后来被译成多种文字在很多国家传播），至此，贝塔朗菲的系统论思想为世界科学界普遍接受，并与控制论、信息论并称为“三论”，系统论则被认为是控制论、信息论的基础。

系统论的核心思想是系统的整体观念，这一理论的核心概念包括系统、整体性和相互依赖。系统是由相互作用和相互依赖的若干组成部分结合而成的有机整体，它不是各个部分的机械组合或简单相加，系统的整体功能是各要素在孤立状态下所没有的性质。整体性的概念要求将事物视为整体进行研究，而不是单独分析其组成部分。贝塔朗菲用亚里士多德的“整体大于部分之和”的名言来说明系统的整体性，反对那种认为只要要素性能好，整体性能就一定好，以局部说明整体的机械论的观点。相互依赖强调的是系统中各个组成部分之间的相互作用。

系统论的目的是研究系统的结构、特点、行为、动态、原则、规律以及系统间的联系，并对系统的功能进行数学描述，在此基础上利用这些特点和规律等去控制、管理、改造或创造系统，调整系统结构，协调各要素之间的关系，使系统实现优化。

系统论反映了现代科学发展交叉、融合的趋势，反映了现代经济社会日趋复杂多元的性质，因而被广泛应用。

系统论的出现，使人类的思维方式发生了深刻变化。传统的西方思维方式一般是把事物分解成若干部分，抽象出最简单的因素来，然后再以部分的性质去说明复杂事物。这种思维方式在20世纪科技发展和人类经济社会日趋复杂多元的环境中已经无法完成任务了。

系统论除了具备系统科学的个性化属性之外，还具有普遍意义上的哲学属性，具有世界观和方法论意义。

蕴含在系统论中的系统思维方式就是其方法论精髓。

系统思维就是人们运用系统论观点，对对象的互相联系的各个方面及其结构和功能进行系统认识的一种思维方式。整体性原则是系统思维方式的核心。系统思维方式，主要以整体性、结构性、立体性、动态性、综合性等特点见长。

至此我们可以看到，西方思维方式由传统的注重事物的内在结构，注重研究实体本身，注重从静态的、机械的、微观的角度去研究事物本体的思维方式转变为系统思维方式，这种转变是以西方科技研究日益深入，学科交叉、融合日趋普遍，西方经济社会发展日趋复杂为背景的。

而系统论的出现本身就是学科交叉、融合的结果。贝塔朗菲最初提出系统论是对生命有机体观察研究的结果，而为了研究具体的子系统，又使用了类似数学模型的方法。系统论在进一步发展的过程中，又与控制论、信息论、运筹学、系统工程、电子计算机和现代通信技术等相互渗透、融合，还与耗散结构论、协同学、突变论、模糊系统理论等科学理论相互激发、影响，进一步丰富发展了理论内涵。我国科学家钱学森自1979年以来，多次发表文章提出将系统科学看成与自然科学、社会科学等并列的一大科学门类。

三、《易经》战略思维与现代系统思维的关系

对比《易经》战略思维与基于系统论的系统思维方式，我们可以看出，《易经》战略思维是在中华文明远古时期诞生的对于宇宙自然和人

类社会进行整体性思考的一套思维方式，其中大道至简的思维方式和注重事物发展过程、注重事物之间关系、注重将事物作为整体来研究的思维方式奠定了中国战略思想的基础，到现在仍然显示着勃勃生机。但我们也要看到，正因为产生于数千年前的远古时代，这种思维方式也有直觉、模糊之处，对事物的解释也有不够准确之处。

基于现代科学研究而产生的系统论以及随之而生的系统思维方式，在对事物的描述、研究方面会有更加精准有效的方法，我们在战略判断、战略决策与实施中可借鉴系统思维方式，将其与《易经》战略思维有机融合后，开发出符合企业管理实践的战略管理工具、管理流程、管理方法。

第二节 现代案例研究：宁高宁领导力思想中的战略思维

宁高宁领导力思想中的战略思维体现为，在纷繁复杂的现象中抓住关键，对于关键问题，采取缜密有效的方法一一化解。

宁高宁曾反复提到“系统思维”，这既是《易经》的精髓，也是系统论思想的精髓。

宁高宁在大学毕业后，考取公派留学生到美国匹兹堡大学学习工商管理硕士课程，他的领导力的早期培养是在高度商业化的香港——主导央企华润集团变革并获成功。宁高宁的领导力培养和提升的过程，有着典型的中西合璧的特点。

早在 2005 年，宁高宁就说过：“我一直觉得遗憾的是，中国企业界的读者目前都在读外国作者、外国公司的书。”宁高宁《五步组合论》的出版在一定程度上可以让这种遗憾减少一些。

宁高宁曾执掌过4家世界500强企业，他主导了华润变革、中粮转型、中化集团与中国化工的重组，因而，外界称他为“红色摩根”“救火队长”“中国韦尔奇”，等等。

在35年的职业生涯和管理实战中，宁高宁灵活运用系统思维，形成了“五步组合论”“6S管理”“战略十步法”“价值管理四要素”等实践性很强的管理思想和理论方法，既推动企业实现了跨越式发展，又为中国管理思想的理论建设和实践探索出了新的范式和路径。

宁高宁的领导力思想中，最突出的就是源自《易经》阴阳相生的大道至简思维方式。他认为企业是一个二元的矛盾体，两分法在认识企业事物中尤其重要。他在一次讲座中特别运用两分法提出企业存在八大矛盾，即信仰与行为、战略与执行、规模与风险、成本与质量、团队与个体、创新与平稳、多元与专业、放权与集中，并提出要“把握好度，做好平衡，才能实现长久发展”。他在《企业管理中的十大哲学问题》一文中，用《易经》二进制思维方式对企业管理问题进行深入论述，涉及精神与物质、运动和静止、表象和本质、主观和客观、内因和外因、可控制因素和不可控制因素、量变与质变、局部和全局等。2017年在全国组织干部学院，宁高宁在“组织人事工作如何服务集团战略发展”的授课中，将“人”与“战略”的关系用类似阴阳鱼太极图的形象呈现出来。

下面，我们以宁高宁“五步组合论”为线索，对其领导力思想进行全面阐述。

前面我们讲到，系统思维就是人们运用系统论观点，对对象的互相联系的各个方面及其结构和功能进行系统认识的一种思维方式。系统思维把事物看作一个生命有机体，这一有机体与外部世界不断进行着信息、能量的交换。

在宁高宁的“五步组合论”领导力思想中，企业也是一个有机体，而且拥有不同层级的子系统。在长期的市场化经营管理中，宁高宁不断学习总结，将《易经》战略思维与现代系统思维方式有机结合，创造出了具有中国气派的企业领导力理论。

“五步组合论”是宁高宁在华润集团任职时总结出来的。

“五步组合论”包括选经理人、组建团队、发展战略、形成市场竞争力和价值创造与评价。这五步最适合中国企业，最适合合资企业或者有董事会的企业。每一个环节里，都有自身的一个小循环。

“五步组合论”之一：选经理人。

前面我们讲到，宁高宁认为，如果对企业经营管理进行高度抽象的话，只有两件事最重要——人和战略。这里的“人”指的是企业的各级职业经理人，也就是各级管理者。人和战略是相辅相成的，就像阴阳鱼太极图一样，而归根到底人最重要。在这一思想中，我们可以看出《易经》二进制思维的底层逻辑。

由于宁高宁受过美国 MBA 教育，又在高度市场化的香港从企业基层打拼出来，他在选经理人方面的思想，既有中华优秀传统文化的底蕴，也有国企红色文化的基因，同时大量吸收了现代市场经济的很多有益思想、理念和做法。

宁高宁认为，选经理人，第一要义是“人感”，也就是对不同人的基本判断能力。

这一思想同样有着深厚的传统文化渊源。

晚清中兴名臣曾国藩的幕府集中了很多当时的精英人才，如江忠源、罗泽南、胡林翼、左宗棠、杨载福、彭玉麟、曾国荃等。左宗棠后来封侯，官居大学士；彭玉麟为兵部尚书；曾国荃官居总督；江忠源、胡林翼等人为巡抚。尤其值得一说的是，当时一批专业人士尤其是科技人才，也得到了曾国藩的重用，如李善兰、华蘅芳、徐寿等人，幕僚兼学生李鸿章更是青云直上，成为曾国藩的接班人。

曾国藩在会集人才方面取得如此成就，源于他有一整套识人用人之道。其一，在识人方面，以忠诚血性为德行底线，以耐劳朴实为能力基准。其二，对不同的人才设置不同的评价标准。比如选官员，曾国藩看重三个方面，一要操守好，二要官气少，三要办事有条理；选士兵，他只要世代务农的人，要看手有没有茧，不用城里人、兵油子、侠客等。其三，在用人与培养人才方面，主张“试以艰危，责以实效”“宽于名利，严于礼法”“陶熔造就，俟其自化”。

宁高宁选经理人的思想是在现代企业制度之下实施的，因此带有鲜明的现代企业治理色彩，他总结出选经理人的十个标准：

第一，喜欢追求激情，非常想进步，非常有活力，不知劳累，三观正；

第二，具有系统思维，即非常理性；

第三，好奇、敏感、自省；

第四，领导力；

第五，喜欢创新，极端重视科学技术；

第六，修养高尚，公正；

第七，抓住机会，果敢决断；

第八，商业敏感、商业直觉；

第九，调动组织资源；

第十，有突出的创造性业绩。

在这十条标准中，第一条、第四条和第六条关注传统的理想、信念、品德、领导魅力方面的特质，剩下的七条都关注与现代企业经营管理密切相关的专业素养与专业能力。

尽管十条标准中，只有三条关注传统的理想、信念、品德、领导魅力方面的特质，但它们属于引领性的元素。2023 年 8 月，宁高宁在混沌直播间讲授企业经营管理课程时说："领导把公司带好的一个基本条件，就是'使劲儿讲话'，因为领导是公司里最大的能量放射者，领导力、组织带动力、组织文化都是这样形成的。即使讲错也要讲，有反馈才会有纠正。领导有想法，能讲话，文化的传递、熏染、发酵会激发团队，形成的效果是超乎想象的，而战略在执行过程中的自我优化、自我调整，也是超乎想象的。"宁高宁在央企任职时每年都会讲党课，在党课上会结合企业经营管理中的问题组织讨论，这样就自然将党的大政方针与企业文化建设、企业战略有机结合起来。

同为企业家的王石在为《谁人不识宁高宁》一书作序时这样评论宁高宁："作为企业领导人，从团队第一、集体力量、凝聚人心开始，营造一个环境，营造一种文化，来推动管理体制、机制进一步改革和优化，宁高宁在这方面的探索，对我颇有启发。"这正是宁高宁作为国企领导人的成功所在，也是他有效地将中华优秀传统文化优势与西方管理理念、方法有机融合之处。

为了让后来的人能够在选人、用人方面更方便地操作，宁高宁还列出了选人"134 问"，"134 问"来源于宁高宁在几大央企的工作经历，既是企业经理人自我审视的提纲，也是企业领导人选人、用人的一个依据。

"五步组合论"之二：组建团队。

宁高宁的"组建团队"涉及组织架构、评价考核、人力资源、文化机制等，它是"五步组合论"之一"选经理人"的自然延伸，它们的共通之处在于对"人"的因素的高度重视，不同之处在于选经理人着重于个体的人，而组建团队着重于团队中的人。

宁高宁“组建团队”的原则如下：

第一，一致的信仰、价值观和思想方式；

第二，清晰的目标和一致的承诺；

第三，团队成员知识和能力的合理组合；

第四，相互信任和良好的沟通。

宁高宁认为团队价值观分为六个层次：道德规范、廉洁守法；职业要求、爱岗敬业；专业水平、素质修养；团队、组织、合作；传承、高尚；创新、创造。其中“道德规范、廉洁守法”是最低标准，“创新、创造”是最高层次。

宁高宁关于团队建设的思想来源于他的管理实践。

宁高宁在华润转型过程中碰到了一件事：在华润的超市业务中，很多海外供应商如可口可乐、强生等提出，华润缺乏明确的使命，因此不能给予付款支持。这让宁高宁大受震动：使命、愿景、价值观这些听起来如此虚幻的东西，在商业运营中居然如此重要！

经过多次讨论，华润使命确定了——员工和企业价值的最大化；公司口号形成了——与您携手，改变生活，英文表述为 better life together。总部会议结束的第二天晚上，员工们就在无锡把它唱出来了。宁高宁后来说，“当个人的利益与公司、社会的利益相结合时，人们通常会积极行动起来”，“因为人都有向往崇高的一面”。

此后，宁高宁接任中粮、中化集团董事长，都继承了这一做法，并取得了成功。

宁高宁到中粮任董事长后，提议把中粮的目标定得高一点、远一点，把精神理想的目标看得重一些，把组织的、集体的、大局的目标放在一个重要位置，把做人正义、坦率、包容都融进去，形成企业文化的高境界。后来，中粮把文化建设的目标定为“忠良”，即高境界做人、专业化做事，培育“又忠又良”的中粮职业经理人。同时，中粮的企业内刊《今日中粮报》更名为《企业忠良》，中粮的培训教育基地被命名为“忠良书院”，使中粮企业文化贯穿于中粮的各个方面。

中华优秀传统文化以人文关怀著称，长于企业文化建设，长于组织力建设，在领导艺术、领导智慧上有优势，而我国的国企管理中有思想政治工作的优良传统。这里的关键在于，企业文化建设也好，使命、愿景、价值观也好，领导人自己首先要信仰并践行之，核心团队必须信仰并践行之，同时使命、愿景、价值观能够通过制度、薪酬分配、激励机制将个人的利益与公司、社会的利益有效结合，让每一个普通员工在企业每日的运营中看到自己的价值与未来，在这个时候，文化管理就是有效的了。

宁高宁是儒家文化发源地山东人氏，受过良好的家庭教育，又系统地学习过现代企业经营管理，于是，在走上央企改革之路后，他自然而然地将中国传统文化的精髓与西方企业经营管理的理念和方法有机融合，打造了一个中国式企业经营管理的样本。

“五步组合论”之三：发展战略。

2023 年 8 月，宁高宁在混沌直播间讲授企业经营管理课程时说：“如果管理就两件事，一个是人，另一个就是战略。”

宁高宁将发展战略制定、实施与评价进一步细化为十个步骤，每个步骤配合相应的管理工具，这样就可以将每一个步骤落实到位。

战略思维是中华优秀传统文化的一大特点和优势，但传统战略思想缺乏可操作的战略管理工具、管理流程、管理方法，宁高宁的战略十步法解决的正是这个不足，它既发挥了传统战略思维的优势，又将现代企业经营管理中成熟有效的工具、流程、方法融入其中（见图 2–3）。

		步骤	工具
战略制定	第一步	描述愿景及企业使命	愿景及使命结构图
	第二步	市场环境及竞争结构的分析	PEST、五力模型、外部因素评估矩阵
	第三步	竞争对手分析及情报系统的建立	竞争态势矩阵
	第四步	客户群细分及价值链分析	价值链/客户群复合定位矩阵/市场评估工具
	第五步	分析自我能力及目标的时段性	能力因素分析图、内部因素评价矩阵
	第六步	战略定位、战略规划及战略管理	SWOT分析、定量战略计划矩阵等
战略实施	第七步	与定位相吻合的其他战略及资源配置	品牌知觉图
	第八步	管理效率及管理工具的实施	平衡计分卡、6西格玛、流程再造
	第九步	构建成本领先或差异化的竞争优势	成本领先战略分析框架、差异化战略分析框架
战略评价	第十步	战略目标推进中的不断反思、调整	战略反思调整框架

图 2-3　战略十步法示意

战略十步法起源于宁高宁在华润最初的业务创新，同时是他在华润、中粮、中化转型的丰富战略管理经历中，一步一步、一点一滴积累和总结出来的。

宁高宁的战略十步法中同样贯穿着大道至简的思维方法。宁高宁在讨论企业战略时，一直在谈四个循环——世界经济循环、国家市场循环、行业产业循环、企业自身循环，也就是在世界、国家、行业这些宏观、中观的外部环境变化中，确定企业自身的位置，找到企业自身的优势、短板、挑战与机遇。宁高宁认为，四个循环中，企业循环最重要，而企业中，“人”的因素最重要。企业中的最高领导者及其核心团队又是重中之重，他们对内外部环境的判断、对机遇的捕捉、正确的决策及对决策缜密有效的实施，是企业转型成功的关键。

1987 年，从美国匹兹堡大学获 MBA 学位后，宁高宁加入华润企划部。华润于 1938 年创立，是我国最早的央企，长期以来主营外贸业务，但随着外贸体制改革，华润原有的外贸优势丧失，亟待转型。当时华润旗下有一个从事印染业务的上市公司永达利，交由宁高宁提出企划方案。宁高宁分析各方面的情况后，提出改变原来存在环保问题的印染业务，转型开展房地产业务，而且承诺，如果由他主持这一业务，他将为集团带来 1 亿元的回报。而最终，实际回报是 4 亿元。华润顺势将永达利更名为“华润创业”（即华润创业有限公司），1992 年，任命宁高宁为华润创业的总经理。由于宁高宁带领企业在房地产、啤酒业务上成功转型，1999 年，他被任命为华润（集团）有限公司副董事长、董事会主席。此后，宁高宁将华润的经营战略从主营外贸业务转型为主营实业，经营思路从“背靠内地”转型为“面向内地”，业务涉及地产、啤酒、零售、纺织、电厂、制药、建材等多个领域，再造了一个“华润”。

需要指出的是，由于长期从事外贸业务，当时的华润一方面有着央企的特点，另一方面也有着强大的市场化基因，宁高宁在此充分施展才华，将现代企业战略管理理论方法与国企的实际有机结合，形成其战略十步法思想。

如果说宁高宁带领华润获得战略转型的成功，是因为他从基层做起，一步一个脚印让大家信服，那么他到中粮担任董事长，则是实现了“空降兵”的胜利。作为“空降兵”，他首先得熟悉中粮的历史、成绩、面临的问题，确定战略，得到核心团队的认同，并有效实施战略。

2004 年的中粮，已经从单一的贸易公司向市场化、实业化公司转型，但转型尚未完成。宁高宁为了凝聚共识，增强中粮核心团队的转型意识和领导能力，从 2005 年年初开始，通过组织战略规划与制定研讨会、管理运营专题研讨会、经理人团队学习技能专题培训会，将在华润的一系列成功理念和管理方法引入中粮，如采用 6S 管理体系，如通过集体研讨确立新的集团使命、愿景及发展战略，达成战略共识。在近半年时间的调研和研讨的基础上，宁高宁和管理团队初步明确了中粮集团新的发展战略：从多元化投资向“有限相关多元化”深入转型。经过 5

年发展，2009 年，宁高宁与中粮团队确立了“打造国际水准的全产业链粮油食品企业”的新战略，达成了全产业链和国际化的战略转型的共识。2004 年，宁高宁进入中粮集团时，集团总资产为 598 亿元；2016 年他离任时，集团总资产约为 4624 亿元。

2016 年，宁高宁再次“空降”到中化集团担任董事长；两年后，兼任中国化工董事长。中化集团成立于 1950 年，前身为中国化工进出口总公司，主要开展外贸业务；中国化工成立于 2004 年，是中国最大的专业化化工企业。2021 年，经国务院批准，“两化”联合重组，重组后的中国中化控股有限责任公司（简称中国中化）从以外贸和传统化工业务为主向以科技创新为驱动进行战略转型。

宁高宁在中化集团所提出的科技创新战略转型，是他到中化集团两年后逐渐形成的。2018 年 3 月，他在研究集团的业务后发现，那些具有较强竞争力、在全球市场占比较大的业务，都与技术突破相关，于是宁高宁提出了科技驱动战略。而后来由他兼任董事长的中国化工，科技研发基因更强。这就为“两化”重组后的中国中化的科技驱动战略转型提供了更坚实的基础。

“五步组合论”之四：形成市场竞争力。

在企业领导者带领团队制定战略并实施之后，紧接着就是考察战略实施后企业所提供的产品、服务的市场竞争力了。

宁高宁服务于华润和中粮的时间较长，在这两段经历中的企业经营管理成就也较为突出。这里以宁高宁在中粮工作时的商业地产项目大悦城为例，来观察宁高宁及其团队在战略管理上的市场竞争力。

西单大悦城（JOY CITY）是在 2007 年 12 月开业的一个一线城市地标性商业地产项目。该项目是中粮涉足商业地产的首次尝试。由于前期调研充分，战略定位准确，并且在实施运营过程中能围绕战略地位，根据运营情况不断创新完善，项目取得成功。此后，中粮又在朝阳、石景山、海淀继续开发新的大悦城项目。从全国情况看，根据百度地图信息，截至2023年11月16日，大悦城在全国共有27家，分别位于北京、上海、天津、沈阳、昆明、苏州、南京、西安、长沙、青岛、杭州、武汉、重庆、成都、济南等城市。

西单大悦城这一项目本来是另一家央企以“西单数码科技广场”为名立项的，中粮将这一项目收购后，对项目的定位进行重新梳理，决定另起炉灶。他们聘请专业消费者调查机构进行全面充分的问卷调查、访谈，分析北京作为中国一线城市的商业趋势，对西单这一北京传统商业中心的商业地位和消费者构成进行充分研究。在此基础上，中粮确定了西单大悦城“国际时尚青年城”这一定位。这一定位领先当时北京商业十年，接近香港流行趋势。西单大悦城开业后，迅速成为时尚达人、流行先锋、潮流新贵休闲购物的首选之地。

从北京西单大悦城开始，大悦城能够成功地将“国际时尚青年城”这一定位推向全国各大城市，与经营管理团队对消费市场、青年文化的精准把握是分不开的。大悦城项目的经营管理团队中有很大比例的年轻人，他们在大悦城业态设计、品牌招商、青年时尚活动等的运营中都能紧贴年轻消费者心理，使大悦城既有一种整体的年轻时尚品格，又结合各地不同的文化而有差异化的特色。

值得一说的是，宁高宁到了中化后，开始强调科学技术对于企业市场竞争力的重要性，原因有二。一是中化本身的科技传统和优势，特别是在“两化”重组后，成立于2004年的中国化工的科技研发优势更是值得重视。二是时代的变化。2016年之前，宁高宁在华润和中粮任职时，中国企业的经营管理还处于从计划经济模式向市场经济模式转型的时期，很多行业、领域都处于较低的发展水平，在这个时期，建立和完善现代企业制度，向国内有发展空间的地产、啤酒、零售、电厂、制药、建材等行业拓展，可以为提升中国相关产业的整体经营管理水平做出贡献，而进入 21 世纪后，中国实体经济特别是制造业已经在价值链中低端取得了较为稳定的地位，中国必须向价值链中高端方向发展。

“五步组合论”之五：价值创造与评价。

其中最主要的是股东的评价，股东的评价是基于公司的基本面，基于公司的价值创造有多大等，不管评价结果如何，又会转回第一步，对人做评价，要么换人，要么继续经营，而后五步组合的过程持续循环流动。

【总结】以上我们对宁高宁“五步组合论”领导力思想做了一个全面的介绍，可以发现系统思维是他领导力思想的核心方法论，在这种思想指导下，他将中华优秀传统文化的精髓与现代企业经营管理的各种工具、流程、方法做了有机的融合，为我国现代企业领导力思想的创建提供了有价值的探索。

第三章

先秦儒家思想与现代领导力提升

第一节　先秦儒家思想与古代领导力典范

一、先秦儒家领导力思想

1. 价值观引领力

儒家思想之所以在传统中国社会被尊奉为主导思想，其中一个重要原因是其为中华民族塑造了价值观体系，为我们的艰难跋涉与坚韧奋争提供强大的精神动力，使我们历经百千险阻而保持着不断自我跃迁的精神风貌。在这种思想浸润下，仁人志士以仁者的积极有为的姿态，通过不断努力，最终达到“圣者”境地。

儒家思想的价值观体系在先秦儒家经典中集中体现在《大学》中对君子人格的描述，包括“三纲领”——明明德、亲民、止于至善，“八条目”——格物、致知、诚意、正心、修身、齐家、治国、平天下。它们共同构成了先秦儒家价值观引领力思想，后世很自然地进一步提炼出了内圣外王的人生目标——为天地立心，为生民立命，为往圣继绝学，为万世开太平。

儒家价值观体系的提出源于孔子的仁学。孔子所强调的“仁”就是人与人之间的仁爱关系，而从领导学的角度，就是领导者对于下属的关怀。孔子的仁学思想，其本质是民本思想。

中国有悠久的民本思想。《尚书·五子之歌》记载：“皇祖有训，民可近不可下，民惟邦本，本固邦宁。予视天下愚夫愚妇，一能胜予。”意思是，我们的先人大禹曾经告诫过我们，对百姓应该亲近而不应该轻视，人民是国家社稷的根本，人民安宁和谐国家就兴盛繁荣，大禹说“我看天下每一个普通百姓，都可能胜过我”。

《五子之歌》出自《尚书》中的《夏书》，所谓“五子”就是夏朝的君王太康的五个弟弟。太康继承王位后，骄奢淫逸，在外打猎长期不归，百姓对其十分反感，国都被后羿占领。太康的五个弟弟和母亲流落洛河边，追述大禹的告诫而作《五子之歌》，表达了五个人的悔恨之意。《尚书》是儒家五经之一，而大禹是远古传说中的圣君。民本思想成为儒家核心思想，也成为中国传统政治思想的核心。

河南南阳内乡县衙的三省堂对联就是这种民本思想的体现：吃百姓之饭，穿百姓之衣，莫道百姓可欺，自己也是百姓；得一官不荣，失一官不辱，勿说一官无用，地方全靠一官。对联作者是时任内乡知县的高以永。高以永是浙江嘉兴人，康熙十八年（1679 年）任内乡知县，任职九年，以清廉有德著称。

晚清中兴名臣曾国藩之所以能在其幕府中集聚当时一流人才，其中一个原因就是其对儒家价值观的坚定信仰和笃实践行。而曾氏家族自他以后涌现了很多专业技术人士，其中有不少国家栋梁型人物，出自儒家民本思想的家教传统是其中一个因素。

我国的国有企业要求国企领导人坚定信念、任事担当，在国内外市场竞争中带领企业胜出。曾经主导华润变革、中粮转型、中化集团与中国化工重组的宁高宁，自称是国企“放牛娃”。他认为做国企领导者，就要履行好职业经理人的职责，要具备对国家的忠心和对消费者的良心。宁高宁在几大央企任职（其中在中粮集团和中化集团都是“空降”任职），都能够很好地进入领导角色，赢得新任职企业核心团队和全体员工的认同与支持，与他对国企价值观的认同与践行有着密切关系。

2. 组织力思想

组织力是指领导者有效地整合资源、协调活动以达成目标的能力。儒家组织力思想重视使用柔性方式来感染、引导下属，这种方式与现代管理中的文化管理、价值观引领、思想教育有共通之处。

（1）修己安人

《论语·宪问》中有："子路问君子。子曰：'修己以敬。'曰：'如斯而已乎？'曰：'修己以安人。'曰：'如斯而已乎？'曰：'修己以安百姓。修己以安百姓，尧舜其犹病诸！'"子路问怎样才能成为一个君子。孔子说："以恭敬来修炼自己的品性。"子路问："这样就足够了吗？"孔子说："通过修炼自己的品性，使你周围的人心悦诚服。"子路问："这样就足够了吗？"孔子道："修炼自己的品性，使所有的百姓都心悦诚服。修炼自己的品性使所有的百姓都心悦诚服，恐怕连尧舜都没有完全做到吧！"

在儒家组织力思想中，要想达到"修己以安百姓"的境地，首先要"修己""正己"。

"其身正，不令而行；其身不正，虽令不从"（《论语·子路》），领导者率先垂范，对下属的教育、引导才可能产生真正的感染力，良好的组织文化才可能形成。

需要强调的是，孔子认为"修己以安人""修己以安百姓"的境界即使是尧舜这样的圣明君主也未必能完全做到。因为人都有动物性的方面，贪、嗔、痴、疑、慢等负面因素时时出现，诱惑我们远离善道，偏离初心。这给我们现代领导者一个警示，要想管理他人，首先要管理好自己。要想成为杰出的领导者，就要不断地自我警示、自我约束、自我净化，这样才能真正做到自我超越、自我更新。

宁高宁在担任中粮集团董事长的时候，曾经写过一篇文章《你行吗？》，文中列举了134个标准，涵盖理想信念、专业能力、人格修养等多个维度。宁高宁认为，如果一个人想成为职业经理人（企业领导者），对照134个标准一一评价，都达到了，就可以去尝试做职业经理人。

从这篇文章可以看出，宁高宁在他的职业生涯中，一直思考着作为国企领导者应有的素质和修为。这134个标准实际上是宁高宁检视自己的一个工具、镜鉴，也促使他从华润到中粮再到中化成功履职。

（2）重教化，轻刑罚

先秦儒家特别注重对民众的教育、引导、感化，无论是孔子还是孟子，都将教育、引导、感化视为组织力思想的重要内容。孔子的“不教而杀，谓之虐”（《论语·尧曰》）反对动辄使用刑罚，更反对没有教育引导就对犯错误的民众施以死刑。《论语·为政》中有：“道之以政，齐之以刑，民免而无耻；道之以德，齐之以礼，有耻且格。”孔子认为：如果仅仅用强制的手段、粗暴的刑罚去约束、管理百姓，百姓就会只免除刑罚而缺乏礼义廉耻之心；而理想的治理方式是，领导者用道德引导百姓，用礼制去约束他们，百姓就既有廉耻之心，又能自我纠正。

在先秦儒家中，孟子特别重视对底层民众权益的保护，重视底层民众积极性、创造性的发挥。与孔子相比，孟子对底层民众的预期更加积极。孟子在孔子思想基础上进一步提出了“人皆可以为尧舜”的命题，认为即使是普通民众，也不仅可以被教育、引导、感化成为服从纪律、听从号令的下属，还可以充分发挥聪明才智，达到尧舜那样至高圣贤的境地。

孔孟这一组织力思想蕴含着对人的主动性、创造性的重视和激发，其目标是整个组织的“和谐”，是要打造组织凝聚力。在历史上，岳家军、戚家军、曾国藩的湘军等的强大都基于这一思想。

在现代企业管理中，这一思想演变为企业文化理论与实践。

（3）各安其位，忠于职守

先秦儒家还特别强调处于组织中的人忠于职守。《论语·里仁》中，曾子总结孔子思想的核心理念：“夫子之道，忠恕而已矣。”这里的

“忠”，就是忠于职守之意。在《论语·颜渊》中，孔子说“居之无倦，行之以忠”，也是这个意思。

孔子的组织力思想还包含各安其位的理念。孔子说“不在其位，不谋其政”，曾子进一步发挥说“君子思不出其位”。这里强调的是组织中各个岗位上的人要各负其责、各司其职，做好本职工作。从组织力的落实来说，这是基本要求，是一个组织的组织性、纪律性的基本体现。在一个企业确定了企业战略、工作计划之后，这种各负其责、各司其职的要求是必要的。但现代企业所处环境比较复杂，从外部环境来说，国际国内社会经济形势不断变化，产业环境也在变化；从企业内部来说，员工日益年轻化，思想日益多元，我们在继承先秦儒家“各安其位，忠于职守”理念的合理成分时，也要适应时代变化，对其进行转化升级。

宁高宁入职华润时正值企业转型变革时期，29 岁的宁高宁有幸深度参与并领导了华润转型，取得了良好的效果。2004 年，他受命到中粮集团担任董事长。面对全新的企业、全新的下属，宁高宁深知，必须获得中粮核心团队及全体员工的认可，而这种认可首先是价值观上的、思想感情上的。

在宁高宁第一次亮相的中粮集团座谈会上，他要求每个在座的领导介绍自己的成长经历和家庭背景，然后谈论有关使命、价值观、人生定位的问题，当时一位资深高管认为“这个人过来就是搞虚的”。但宁高宁不为所动，继续将在华润行之有效的价值观引领、企业文化建设的方法在中粮推行，最终获得了成功。

宁高宁的方法是，将他思考的公司使命转化为团队共识。在这个过程中，首先是核心团队达成共识，然后由核心团队向各个部门逐级推广，最终达到全体员工认可。这个过程需要花费大量时间，但它起到的是“润物细无声”的效果。

具体来说：宁高宁首先与下属广泛深入交流，每个人都介绍自己的家庭情况、个人诉求、职业生涯规划、家庭愿景等；然后，宁高宁和团队成员共同讨论如何通过公司这个组织来实现每个人、每个家庭的愿景。在这个过程中，公司的使命、愿景自然而然就形成了。而这个使命、愿景既是公司的，也是与每个公司高管、员工密切相关的，当然也是与国家有关的。

在中粮和中化确立愿景和使命，并不是宁高宁个人的强制行为，而是教育、引导、感化、激发的过程。有时，下属们说："宁总，您给我们讲讲算了。"但宁高宁坚持让大家共同讨论，由大家深度参与其中，真正体会到他们是决策者，是企业的重要成员。

宁高宁在中粮的最初经历最能说明他的理念。苏勇、王芬芬、陈万思《宁高宁领导下的中粮集团战略变革实践》一文[1]研究显示："2005年年初，宁高宁带领中粮高层管理者，经过数次高层战略集体研讨，达成战略共识，确立了新的集团使命、愿景及发展战略。在此基础上，号召42家下属业务单元也采用集体研讨的方式对自身发展方向进行反思，并向集团汇报各单位的5年战略规划，整个汇报过程历时32天。这种运用全新的战略思考方式和研讨工具来集中研讨公司的发展战略的形式，加深了经理人的战略共识。"

宁高宁在华润、中粮、中化的管理实践显示了其对于中华优秀传统文化中的管理理念、国企先进管理理念以及西方现代管理理念的有机融合与创造性发展，其所总结出来的领导力思想对我国国企经营管理尤有启发，很多做法可以直接借鉴。

[1] 苏勇，王芬芬，陈万思．宁高宁领导下的中粮集团战略变革实践［J］. 管理学报，2021，18（2）：159–170.

（4）己欲立而立人，己欲达而达人

先秦儒家特别注重团队建设，孔子提出“己欲立而立人，己欲达而达人”（《论语·雍也》），“己所不欲，勿施于人”（《论语·颜渊》），二者结合起来，就是“忠恕之道”，也就是“仁道”，这是一种换位思考、推己及人、与人为善的思维方式，也是中国式团队建设的核心理念。创作于战国时期的《大学》将孔子“己所不欲，勿施于人”的理念进一步发展为絜矩之道：“所恶于上，毋以使下；所恶于下，毋以事上；所恶于前，毋以先后；所恶于后，毋以从前；所恶于右，毋以交于左；所恶于左，毋以交于右。”从组织管理的角度讲，这段话的核心意思就是，做任何事情，都要考虑这件事情对上下左右诸多方面的影响，要努力营造一种相互尊重、相互谦让的和谐组织氛围。

孟子将孔子“己欲立而立人，己欲达而达人”“己所不欲，勿施于人”的思想进一步发展为仁政思想。孟子认为，君主是君臣关系的主要方面，其行为起着主导作用。《孟子·离娄上》中有：“君仁，莫不仁；君义，莫不义；君正，莫不正。一正君而国定矣。”一个品德高尚、能力超群的领导者对一个组织起着关键性作用。

同时，孟子还认为君臣关系是一种对等的关系，君主与臣子和普通民众的关系建立在君主对自身责任的履行上：履行好了就是好君主；履行不好就是不称职的君主；倒行逆施导致民不聊生的就不是人民的君主，而是独夫民贼。《孟子·梁惠王下》中记载了孟子和齐宣王的一次对话，在这次讨论“汤武革命”的著名对话中，孟子明确指出：“破坏仁的人叫‘贼’，破坏义的人叫‘残’，毁仁害义的残贼，叫‘独夫’。只听说把独夫纣处死了，却没有听说君主被臣下杀害了。”

因此，孟子很自然地就得出了“民为贵，社稷次之，君为轻”（《孟子·尽心下》）的结论，提出了“得民心者得天下”的命题，而要得民心，就必须“所欲与之聚之，所恶勿施尔也”（《孟子·离娄上》），充分考虑人民的诉求与愿望。

2300年前，先秦儒家“亚圣”在讨论领导力问题时，不仅考虑到核心团队建设问题，还充分考虑到全体民众的利益问题，这在中国思想史上，无疑是很有前瞻性的。

在传统社会的团队建设中，曾国藩表现突出。曾国藩幕府之所以能够集聚天下英才，就是因为在这里英才们可以施展才华，成就事业。首席幕僚李鸿章后来成为淮军创始人，并成为晚清重臣，除此之外，仅在文职官员中，曾国藩幕府就培养出数十位总督、巡抚级别的封疆大臣，上百位三品以上的大员，至于道、府、州、县的官员就更多了。

儒家团队建设思想在现代企业领导力打造中有很大的应用潜力，在下面的案例研究中，我们将以山东豪迈集团股份有限公司（简称豪迈集团或豪迈）为例展开论述。

3. 创新思想

创新意识是中华优秀传统文化的一个突出的特点，它几乎贯穿在所有的思想流派中。从现有典籍来看，早在商汤的盘铭上就有“苟日新，日日新，又日新”。这九个字是用每天洗澡来类比一个人、一个组织、一个民族在思想精神方面不停歇的自我更新、自我跃迁。此后这种创新精神成为中国文化的基因。《诗经·大雅·文王》中有“周虽旧邦，其命维新”的诗句，表达的意思是，周虽历史悠久，但其命运、前程在于能够不断自我更新。《大学》中“三纲领”之一是“止于至善”，也是强调不断创新的重要性。

中华民族的创新精神与其忧患意识相伴相生。从晚清开始出现的现代企业，凡是能在充满险滩暗礁、惊涛骇浪的市场竞争中胜出并不断发展的，必定是基于忧患意识的创新精神，如民国时期中国化学工业先驱

"永久黄"团体，航运公司民生公司，改革开放后的华为、大疆创新等。

二、古代领导力典范

1. 孔子的领导力：感召力

梁启超认为，中国历史上的圣人只有两个半，分别是孔子、王阳明和曾国藩。梁启超提出这一看法，所使用的标准是儒家关于圣贤的标准：立德、立功、立言。从这个标准来说，孔子达到了要求，尽管他在鲁国从政的时间很短，实际功业不甚突出。

但如果从感召力、凝聚力的角度看，孔子的领导力仍使他成为今天的我们学习的榜样。

孔子从 55 岁起带领弟子开始他长达 14 年的周游列国行程。考虑到当时的交通工具、道路都十分简陋，这次出行对于一个进入老年的学者来说，确实充满未知数。更重要的是，14 年中，孔子多次遭遇险境，其中两次有性命之忧，至于讽刺、挖苦、冷遇，一路未绝。但孔子不仅没有放弃自己的信仰，还能够用理想信念凝聚团队，最终完成了这次虽败犹荣的历程。

孔子的得意弟子有不少在这个出行团队中，如颜回、子路、子贡等，孔子在匡地之围和陈蔡之厄中用"天之未丧斯文也，匡人其如予何"的信念来激励自己和学生们，通过与弟子的思想交流，将儒家价值观活生生展示在学生面前。孔子在郑国与学生失散，子贡多方打听才找到孔子，重逢后，子贡向孔子转述郑人描述孔子"累累若丧家之狗"，孔子听后，不但没有生气，反而笑呵呵地回答说："郑国人说的外表这些细节倒无所谓，但他们说我是丧家之狗，倒是挺贴切的！"

孔子之所以不怒反乐，是因为他心中一直抱持着民胞物与、仁泽天下的仁爱理想，他要宣传、推广、实现的是这种崇高伟大的理想，他在鲁国找不到实现理想的机会，周游列国处处碰壁，他的精神家园找不到落地之处，就如同“丧家之狗”。但即使如此，他仍然不放弃——“知其不可而为之”。因此，尽管孔子在政治上并不成功，他的学生仍然追随他，并在他去世后将他的言论整理为《论语》，而儒家思想后来成为中国传统思想中的主导思想。

因此，后人称颂孔子：“天不生仲尼，万古如长夜。”（《朱子语类》卷九十三）

2. 儒家领导力典范：唐太宗与贞观之治

在中国古代历史上，力行先秦儒家领导力思想、开创治世、为后世景仰的领导者首推唐太宗李世民。唐太宗和他的核心团队在贞观年间的业绩，被《贞观政要》《旧唐书》《新唐书》《资治通鉴》系统梳理和记载。通过研读《贞观政要》等史书，我们可以比较清楚地学习和体会唐太宗对儒家领导力思想的笃实践行与发扬光大。

第一，励精图治，以成就历史伟业激励自己和核心团队。

唐朝是我国古代历史的巅峰时期。唐朝的兴盛有历史发展的客观因素，也有当时君臣主观努力的因素。从历史发展进程来看，从东汉后期开始，我国就陷入战乱频仍、分裂割据的混乱局势，一直延续到隋朝建立，长达400年左右。而隋朝仅仅延续了30多年，旋即被唐朝取代。

唐太宗在少年时期就参加了推翻隋朝的斗争，目睹了隋朝的灭亡。经过几百年战乱、分裂的中国社会，人心思治。唐太宗即位时年仅28岁，从那时起他就下定决心，以历代贤明君主为楷模，以身作则，励精图治，以成就历史伟业激励自己和核心团队。

在《贞观政要》中，我们看到，唐太宗对历史非常熟悉，经常与群臣讨论治乱兴亡的原因，以历史上那些“其兴也勃，其亡也忽”的反面教材作为自己的鉴戒。贞观六年（632年），他对侍臣说：“朕闻周、秦初得天下，其事不异。然周则惟善是务，积功累德，所以能保八百之基。秦乃恣其奢淫，好行刑罚，不过二世而灭。岂非为善者福祚延长，为恶者降年不永？”[1]贞观八年（634年），他又对侍臣说：“秦始皇平六国，隋炀帝富有四海，既骄且逸，一朝而败，吾亦何得自骄也？言念于此，不觉惕焉震惧。”[2]

正因为认识到打江山不易，而要让国家长治久安也很困难，唐太宗“贞观以来，手不释卷，知风化之本，见理政之源”[3]，“每夜恒思百姓间事，或至夜半不寐。惟恐都督、刺史堪养百姓以否”[4]。

唐太宗的率先垂范凝聚了核心团队的人心，使团队形成共同开创伟大治世的宏伟愿景。贞观时期23年中，朝廷集聚了魏征、杜如晦、房玄龄、马周等杰出政治家为共同的理想奋斗，当时朝廷官员仅仅600余人，而管理的疆域西至中亚，北至蒙古高原，东至鸭绿江，南至两广。

第二，以身作则，重视组织文化建设与制度建设。

唐太宗十分重视组织文化建设与制度建设。

从组织文化建设上看，唐太宗十分重视以身作则、率先垂范。贞观二年（628年），太宗对侍臣说：“古人云，君犹器也，人犹水也，方圆在于器，不在于水。”[5]贞观初，唐太宗对侍臣说：“若安天下，必须先正其身，未有身正而影曲、上治而下乱者。”[6]有人上书，要唐太宗“佯怒以试群臣”，通过这种机诈方法来识别臣子忠奸与否。对这种偏离儒

[1]《贞观政要·卷三·君臣鉴戒》
[2]《贞观政要·卷十·灾祥》
[3]《贞观政要·卷十·慎终》
[4]《贞观政要·卷三·择官》
[5]《贞观政要·卷六·慎所好》
[6]《贞观政要·卷一·君道》

家诚信价值观的建议，唐太宗坚决反对，他说："流水清浊，在其源也。君者政源，人庶犹水，君自为诈，欲臣下行直，是犹源浊而望水清，理不可得。"[1] 唐太宗力行儒学价值观，对忠节、孝友、公平、诚信、谦等德行大力表彰，使儒家价值观深入整个贞观时期核心团队人心，带动整个社会形成了良好风气。

也正因为唐太宗对于儒家价值观的坚守，贞观时期君臣在制度建设上也能达成共识。

贞观初年，朝廷大力开展人才选拔工作，有人在自荐材料中谎报官阶、资历。唐太宗发话说，凡是谎报的赶紧自首，不自首的，一旦查出就要处以死刑。后来确实找到一个谎报的，大理寺少卿戴胄依据国家法律没有判决该犯死刑。唐太宗问："卿自守法，而令朕失信耶？"胄曰："法者，国家所以布大信于天下，言者，当时喜怒之所发耳。陛下发一朝之忿，而许杀之，既知不可，而置之以法，此乃忍小忿而存大信，臣窃为陛下惜之。"[2] 司法官员戴胄之所以敢于和唐太宗对抗，坚持依法判决，就是因为他知道自己坚持的原则符合唐太宗一直以来倡导的儒家价值观，唐太宗会容纳他的做法。而事实也证明，唐太宗承认了自己在这个问题上有失误，赞许了戴胄的做法。

第三，以敬畏之心正确看待自己的天子地位，践行儒家"民贵君轻"理念。

《贞观政要》第一卷有两篇，第一篇论君道，第二篇论政体，这一安排完全符合儒家政治理念。唐太宗即位之初，就立志成为中国历史上的杰出领导者，他的榜样就是尧舜禹汤、文王武王这样的明君。这些儒

[1]《贞观政要·卷五·诚信》

[2]《贞观政要·卷五·公平》

家思想的理想人物有一个共同特点，就是持有深刻的民本思想。《贞观政要》第一卷第一篇第一句话是太宗对侍臣说的："为君之道，必须先存百姓，若损百姓以奉其身，犹割股以啖腹，腹饱而身毙。"[1]这段话可以看作孟子"民贵君轻"的唐太宗版本。

贞观六年（632年），太宗说："天子者，有道则人推而为主，无道则人弃而不用，诚可畏也。"魏征回答说："又闻古语云'君，舟也，人，水也。水能载舟，亦能覆舟'，陛下以为可畏，诚如圣旨。"[2]

我们将上面唐太宗与魏征的对话与孟子的两段话进行对比，可以看出前者对后者的承继。《孟子·离娄上》中有："桀纣之失天下也，失其民也；失其民者，失其心也。得天下有道，得其民，斯得天下矣；得其民有道，得其心，斯得民矣；得其心有道，所欲与之聚之，所恶勿施尔也。"《孟子·尽心下》中有："民为贵，社稷次之，君为轻。是故得乎丘民而为天子，得乎天子而为诸侯，得乎诸侯而为大夫。诸侯危社稷，则变置。"

以上内容可以充分显示刚刚当上最高领导者的李世民对自身职责的敬畏之心，及他对儒家民本、仁政思想的深刻体认。

贞观六年（632年），太宗谓侍臣曰："朕此见众议以祥瑞为美事，频有表贺庆。如朕本心，但使天下太平，家给人足，虽无祥瑞，亦可比德于尧、舜。……若尧、舜在上，百姓敬之如天地，爱之如父母，动作兴事，人皆乐之，发号施令，人皆悦之，此是大祥瑞也。"[3]在唐太宗看来，最重要的是国家治理的效果，人们生活安定、幸福就是最大的

[1]《贞观政要·卷一·君道》

[2]《贞观政要·卷五·政体》

[3]《贞观政要·卷十·灾祥》

祥瑞。

唐太宗非常清楚最高领导者也是凡人，总有考虑不周、行事失当之处，因此他听取魏征“兼听则明，偏信则暗”的意见，在即位之初的几年里，主动听取并采纳各方意见。考虑到臣子在君王面前的心理压力，唐太宗一改以往的威严面容，“每见人奏事，必假颜色，冀闻谏诤，知政教得失”[1]。同时，他对于臣下的进谏，无论采纳与否，都及时给予表彰奖励，形成了贞观年间活跃宽松的政治氛围。

宋代范祖禹评价唐太宗说：“迹其性，本强悍，勇不顾亲，而能畏义而好贤，屈己以从谏，刻厉矫揉，力于为善，此所以致贞观之治也。”[2]意思是，唐太宗这个人就其本性而言是一个性格强悍、无所顾忌之人，但他能够敬畏儒家道义、尊重贤良，能够降服自己的本性听从劝谏，以此磨炼自己的心性，践行“止于至善”理念，而这就是贞观之治得以形成的根本原因。

范祖禹的这段评论十分精彩，文中的“屈己”“刻厉矫揉”实际上就是自我约束、自我克制、自我超越、自我更新之意，也就是后来曾国藩所践行的“昨日种种，譬如昨日死；今后种种，譬如今日生”修身功夫。这一功夫用现代领导学的术语来说就是自我领导。在我们当下21世纪，领导者的修为中的一个一定是自我领导。

在唐太宗践行儒家“民贵君轻”理念的过程中，魏征起到的作用十分关键。从某种意义上说，贞观之治是唐太宗和魏征两个关键人物默契互动促成的。没有魏征坚持不懈的谏诤，难以形成活跃宽松的政治氛围；没有唐太宗的自我约束的意识和主动求谏的胸襟，也不可能有魏征

[1]《贞观政要·卷二·求谏》

[2]《唐鉴·卷六》

的存在，也就没有贞观年间人才辈出、政治清明的局面。

魏征在贞观十七年（643 年）去世，在 17 年中，魏征廷谏了 200 多次，在早朝时多次发生让李世民下不了台的情况。从史书的记载中我们可以看到，唐太宗和魏征既有伟大政治家的一面，也有普通人的一面。比如唐太宗在被魏征当着群臣的面直陈过失时，也会在退朝后发火、诅咒，但随即便能够在长孙皇后等人的劝慰下恢复理性，继续纳谏。再说魏征，坚持原则是他的显著特点，但他也讲究进谏的方式方法，使谏诤效果达到最佳。

贞观七年（633 年），唐太宗问魏征国家治理得如何，魏征顺势指出了唐太宗在纳谏方面的懈怠，说“陛下贞观之初，导人使谏；三年以后，见谏者悦而从之；比一二年，勉强受谏，而终不平也”[1]，并且举例说明。唐太宗听完后心悦诚服：“非公，无能道此者。人苦不自觉耳！”

贞观十三年（639 年），针对唐太宗在践行儒家理念上出现的懈怠倾向，魏征上了《十渐不克终疏》，列举了唐太宗从贞观初到贞观十三年在国家治理方面出现的十个问题，提醒唐太宗要慎始慎终。唐太宗接受了这一谏诤，将《十渐不克终疏》写在屏风上，时时诵读。

魏征去世后，唐太宗感慨“以铜为鉴，可正衣冠；以古为鉴，可知兴替；以人为鉴，可明得失。朕尝保此三鉴，内防己过。今魏征逝，一鉴亡矣”[2]，可见魏征在贞观之治中的作用。

第四，善于识人用人，精于团队建设。

作为成就中国古代辉煌治世的杰出领导者，唐太宗的领导力还体现

[1]《新唐书·魏征传》

[2]《新唐书·魏征传》

在善于识人用人、精于团队建设上。整个贞观时期，既有敢于谏诤的王珪、魏征，也有以“房谋杜断”著称的房玄龄、杜如晦，还有军事人才李靖、李勣、秦琼、程咬金、尉迟敬德，还有出身卑微的马周、坚持原则的司法人才戴胄等。唐太宗以其坚定的政治理想、开阔的政治胸襟、高瞻远瞩的政治智慧，充分挖掘贞观时代的人才，打造出了中国历史上真正的人才“梦之队”，谱写了历史绚烂篇章。

唐太宗之所以能凝聚人才，关键在于他对儒家理想的信仰和践行。

武德九年（626年）九月，唐太宗继位后两个月，他召集群臣论功行赏。这次论功行赏一方面是要对群臣在建立唐朝过程中的功绩进行论定，另一方面是为接下来的贞观时代确定核心领导团队。在这次活动中，房玄龄、杜如晦被列为一等功臣。由于房、杜两人既不是背景深厚的人物，也不是冲锋陷阵的猛将，因而遭到以唐太宗叔父李神通为代表的亲属故旧的质疑。唐太宗以汉朝的萧何作比，说明房、杜在筹谋帷幄、建立唐朝上的功绩，同时对李神通在战争中的失误也做了批评，平息了纷争。后来房、杜二人在贞观时期默契配合，为贞观之治的伟业发挥重要作用。

在处罚方面，唐太宗也将国家利益放在首位，不徇私情。贞观三年（629年），濮州刺史庞相寿因贪污被撤职，庞相寿是唐太宗为秦王时的旧部，他求唐太宗免除处分，被唐太宗拒绝：“我昔为秦王，乃一府之主，今居大位，乃四海之主，不得独私故人。大臣所执如是，朕何敢违？”（《资治通鉴》）

唐太宗的团队成员来自不同的派系，有着十分复杂的背景和出身。如王珪、魏征出身于原太子府，是唐太宗的政敌；而房玄龄、杜如晦是秦王府中人；李靖、李勣则是在玄武门之变中没有参与的。这些不同出处的人才在唐太宗麾下相互配合、同舟共济，很重要的原因就是唐太宗对儒家理想的信仰和践行产生的凝聚力、亲和力、感召力。

《旧唐书》这样评价唐太宗识人用人与团队建设："史臣曰：'臣观文皇帝发迹多奇，聪明神武，拔人物则不私于党，负志业则咸尽其才，所以屈突、尉迟由仇敌而愿倾心膂，马周、刘洎自疏远而卒委钧衡。'"这个评价是很精当的。

唐太宗能够正确识人用人。

唐太宗识人用人的原则是——德才兼备，以德为先。他说："为政之要，惟在得人，用非其才，必难致治。今所任用，必须以德行、学识为本。"[1]

为了获得优秀人才，唐太宗尝试各种途径和手段，提拔马周就是一个典型案例。

贞观五年（631年），唐太宗令百官上书谈论国家治理，他读到武将常何的奏折时，发现所提的建议都很符合实际。询问后得知是常何的门客马周所写，当天就召见马周。由于相见心切，在马周到来前，一连四次派人催促。面谈后，唐太宗感觉马周综合素质远超普通人，命他在门下省供职。此后马周累官至中书令。马周进入朝廷后，以贞观初年的清明政治作为治国标准，不断向唐太宗提出建议，为贞观之治的形成和延续起到了积极作用。

唐太宗在识人用人方面很有心得，他说："人才有长短，不必兼通。……舍短取长，然后为美"（《全唐文》），"人之行能，不能兼备。朕常弃其所短，取其所长"（《资治通鉴》）。把合适的人放在合适的岗位，是唐太宗团队建设的特点。如戴胄在学术上不突出，但为人正直，执法公平公正，唐太宗任命他为主管司法的大理寺少卿，后来成效斐

[1]《贞观政要·卷七·崇儒学》

然。《旧唐书》中还记载唐太宗对长孙无忌、高士廉、房玄龄、杜如晦、崔敦礼等人的评价和任用，都是符合实际且任用得宜的案例。

唐太宗除了对朝廷中枢部门人才配备十分关注之外，对于地方官员的选拔任用也十分重视。《资治通鉴·唐纪》中记载，唐太宗说：“为朕养民者，唯在都督、刺史，朕常疏其名于屏风，坐卧观之，得其在官善恶之迹，皆注于名下，以备黜陟。”为了了解基层治理情况，他要求五品以上京官轮流在中书省值宿，以便召见他们；同时他还令五品以上官员推荐后备干部人选。

在正确识人的基础上，唐太宗对人才充分尊重、充分信任、充分授权。

唐太宗说：“朕以天下为家，不能私于一物，惟有才行是任，岂以新旧为差？”[1]正因为唐太宗胸怀天下，他才能在正确识人的基础上，对人才充分尊重、充分信任、充分授权，将背景不一、性格各异、才能不同的人打造成同心协力的团队。

李渊太原起兵反隋时，李靖本打算向隋炀帝告发，反为李渊、李世民捕获。后来李渊、李世民成功地将李靖化敌为友。

用人不疑是唐太宗凝聚人心的一个重要因素。李世民登基后，唐太宗还经常带着将士在宫殿内进行射箭比赛。有大臣进谏，在皇宫禁地举行射箭活动，万一出现狂徒，意图不测，对皇上殊为不利。李世民回答说：“王者视四海如一家，封域之内，皆朕赤子，朕一一推心置其腹中，奈何宿卫之士亦加猜忌乎！”[2]这种自信在他对待大臣的态度上体现得更加突出。《贞观政要·卷五·杜谗邪》记载了这样一个故事，魏征担

[1]《贞观政要·卷五·论公平》

[2]《资治通鉴》卷一九二

任秘书监时，有人控告他谋反，唐太宗说："虽然魏征过去是我的仇人，但他忠于职守，我选拔任用他，怎么能胡乱诬陷他呢？"最后他不但不追查魏征，反而杀掉了诬告的人。

《资治通鉴》还记载了这样一件事，贞观三年（629年），房玄龄、王珪主管官员考核，治书侍御史权万纪弹劾二人考核不公，唐太宗命人核查。魏征认为房玄龄等对国家一贯忠诚，不会徇私舞弊，但因为工作量太大，难免会有瑕疵，唐太宗接受了这一意见，撤销了核查令。

贞观年间，权万纪与李仁发经常刺探大臣隐私，向唐太宗进谗言，唐太宗一度对这两个人相当信任。魏征向唐太宗进谏，认为纵容这种告密行为会让群臣人人自危、离心离德。唐太宗采纳了这一意见，疏远了这两个人，还赏赐魏征绢五百匹，以示奖赏。

唐太宗及其团队创造的贞观之治对现代社会环境下领导力提升的启示如下。

① 最高领导人围绕核心价值观建立起组织上下共同认可的组织文化是贞观之治的关键，也是唐太宗及其团队打造领导力的前提。

② 领导力的打造是一项长期的工作，是自我约束、自我超越的结果。

③ 团队建设是领导力提升的重要组成部分。在一个组织中，既需要领导者的主导、引导，也需要被领导者的默契配合。魏征之所以能够成功进谏200余次，意见和建议几乎都被唐太宗采纳，除了唐太宗的胸怀与智慧之外，还有魏征对进谏内容的考虑、对进谏方式的选择等因素。唐太宗和他的核心领导团队是中国历史上少有的君臣相得、相互激励、相互提高的团队。

④ 在现代社会环境下，要进一步强化制度建设。

第二节 现代案例研究：山东豪迈集团的企业文化特色

豪迈集团出自县级市高密，这一地区既有齐鲁大地深厚的中华优秀传统文化尤其是儒家文化的积淀，又有较好的制造业基础。豪迈集团在1995年从负债96万元的维修车间起家，经过20多年打拼，成为工信部第一批制造业单项冠军示范企业。豪迈集团的成功，在一定程度上是因为其将中华优秀传统文化的基因与现代企业经营管理进行了对接和融合，将儒家的创新、仁爱、诚信文化创造性转化为富有豪迈集团特色的企业文化，从而大大提升了企业领导力。

一、创新文化

豪迈集团的创新文化，在很大程度上是企业生存危机倒逼的结果。1995年，豪迈集团创始人张恭运与其他3个合伙人集资4万元，从负债96万元的维修车间开始创业。由于没有核心技术，创业第一年亏损18万元，张恭运和合伙人东拼西凑才勉强把工人工资发放了。在这种既无资金优势，也无人才优势的情况下，张恭运首先想的是如何获得业务，维持企业运营，同时，也在考虑如何让企业获得核心竞争力，在市场竞争中胜出。创新就成为豪迈集团一开始的企业基因。

创业之初的豪迈仅有34名员工，除了张恭运是大学机械专业科班出身，其余员工上过高中的就算是高学历了，也只有五六名而已。这样一个员工队伍，如何打造出企业的创新文化？

张恭运首先在观念上破除员工对于创新的畏惧，倡导“改善即创新，人人皆可创新”，“把不美观的变美观了，把不合理的变合理了，优化了一个环节，提升了一个零部件的性能，就算创新”。为了营造宽松的创新氛围，张恭运说：“今后任何人搞发明创新，失败了由公司负责，成功了给创新者授以重奖。”因此，豪迈集团的创新，既有小发明、小创造，也有各种国家级、国际级的专利技术。

在厂区里开电动车配送矿泉水的老师傅，为避免铁屑扎伤轮胎，在车上装上了“磁铁扫帚”，获得了创新奖 100 元。模具钳工对凳子不满意，用下脚料制作了 100 个钳工专用的、可旋转的小凳子，获得创新奖 1000 元。对这种小发明、小创造，只要能产生效果效益，豪迈集团都及时地给予表彰奖励，这就很自然地营造出创新文化。这种创新文化实际上就是《大学》中“止于至善”的现代企业版本。

在高端技术研发方面，豪迈集团在一张白纸上描绘出了绚烂的景象。截至 2023 年，豪迈集团拥有 400 余项发明专利，在轮胎模具、气门芯、海底采油设备、风电变速箱零件 4 个细分领域中市场占有率都位居世界第一。2023 年，豪迈全年征集创新改善提案 42.98 万条，创造效益 5.8 亿元，发放奖金 874 万元。

就这样，张恭运把创新文化融入企业运营的方方面面，融入从领导到普通员工的思想、行为中。

和很多国内外“隐形冠军”企业不同的是，豪迈集团从最开始的轮胎模具技术创新开始，逐渐发展形成高档轮胎模具、高端机械制造、油气装备、化工装备四大产业体系，是典型的多元化发展之路。原创性科技研发具有高风险、高投入的特点，为什么豪迈集团走上了这样一条高风险道路却能获得极大成功呢？其根本原因就是企业生存危机内化为企业创新文化。

豪迈集团创业的头两年里，为了生存，几乎是什么活儿都接，只要是跟铁有关的，如摩托车链轮、拖拉机配件、汽车万向节、鞋底模，甚至做过大铁门。为了生存，豪迈集团员工在每一项业务中都学习新的技术、工艺，在当时的条件下力争把业务做得让客户满意，争取好口碑。

在这样的环境中，不断创新、自我超越成为豪迈上下的共识和精神本能。

1997年，豪迈集团开始进行轮胎模具专用电火花机床研发，这在很大程度上是背水一战，因为在当时的中国机床行业，大家对这一领域都不了解。豪迈集团能接到这样一个订单，既是机遇，也是挑战。豪迈集团抓住机会，自主研发生产出了轮胎模具专用电火花机床，这一技术成功申请了专利。

轮胎模具专用电火花机床的研发成功，给豪迈人自主创新奠定了信心。此后，豪迈集团进入多个行业，并成为多个细分领域的“隐形冠军”。豪迈的经验是，组织小型研发团队在某个细分领域进行研发，干得好就大规模投入，干得不好就及时撤出。张恭运说，这样的创新尝试，平均成功率可达70%。

由初中生成长为国家级技能大师的王钦峰，是豪迈集团创新文化的典型案例。

出生于1976年的王钦峰在1992年初中毕业后就到高密市呼家庄镇汽车配件厂（豪迈公司前身）当了一名工人。王钦峰最大的特点就是爱钻研，为了解决工作中的技术难题，他自学机械专业专科课程，3年多时间里，他阅读了几十本专业书，留下了6万多字的学习笔记。有时在自学中实在搞不懂，他就向当时的豪迈领导，也是当时企业唯一一个机械专业大学毕业生张恭运请教。1997年，豪迈进行轮胎模具专用电火花机床研发，最初的技术资料只有客户提供的机床平面示意图，而生产机床还必须有专业的工艺设计图纸。豪迈将制图工作交给了王钦峰，王钦峰经过7天的昼夜奋战，完成了制图任务。豪迈也因此研发生产出了轮胎模具专用电火花机床。但这种机床制造出来后，还存在一些缺陷，影响客户的生产效果。王钦峰再次投入研究，经过无数次的失败和反复试验，他发明了电火花防弧电路，在全国率先解决机床烧结难题，成就了我国电火花行业一大创新。

王钦峰从普通工人成长为国家级技能大师、全国劳模，有赖于豪迈集团的鼓励创新、包容失败的良好文化。在解决机床烧结难题的过程中，每一次失败时，企业领导都给他鼓励与信任，让他能坚持下去。在他解决了机床烧结难题后，公司马上奖励了王钦峰一台电脑，价值 7000 元，这在当时相当于他一年的工资，也是整个企业第一台电脑。截至 2023 年 3 月，他进行了 60 多项工艺革新，设计了 20 多种专用装备和量具，获得国家授权专利 33 项，曾获山东省科学技术进步奖一等奖、山东省机械工业科学技术奖一等奖、中国机械工业科学技术奖一等奖等。在王钦峰的带动下，更多的优秀青年技工成长起来。

二、诚信文化

先秦儒家十分注重诚实守信。“言必信，行必果”“人而无信，不知其可也”“与朋友交，言而有信”这些论述，都是强调一个人要信守诺言、讲信用、珍惜自己的信誉。

豪迈集团从创业伊始就强调每一个豪迈人都要诚实守信。集团通过领导带头讲诚信、奖励诚信惩罚欺诈等措施，将诚信文化内化为豪迈人的思想意识、行为举止，成为豪迈文化的一个重要组成部分。

“烧鸡事件”就是豪迈诚信文化建设的一个典型案例。有一次企业要招待一个客户，一个员工去买烧鸡，花了 14 元，报销了 17 元，公司了解到这一情况后，将该员工开除。有人说，只是多报了 3 元钱就将人开除，是不是太较真了？张恭运说，诚实守信是原则问题，是红线，触碰了就没有商量。

相反，如果在工作中能够诚实守信，奖励就马上跟进。有一年，广州一个客户一次性购买了 30 台机床，王钦峰被派去安装调试并负责培训。王钦峰到广州后，因为水土不服，得了急性肠胃炎，他晚上在医院输液治疗后，第二天就到了工作现场。在安装期间，王钦峰一边吃药，一边工作，一个月后圆满完成任务，客户十分满意。公司领导知道后深受感动，在当时公司资金紧张，领导出差都坐火车、公交车的情况下，让王钦峰坐飞机回家，但王钦峰坚持坐火车回来。

从这个故事中我们可以看到，张恭运深刻地认识到，诚信绝不仅仅是个人的品格修养，还关系到一个组织是否有凝聚力，一个领导是否有领导力。一旦诚信文化在一个组织里蔚然成风，这个组织就可以降低管理成本，提高管理效率。诚信是创新、高效的前提。

在《论语·颜渊》中，子贡曾经问孔子如何治理国家。孔子说，要有足够的粮食、足够的军队，同时人民要信任领导者。子贡问，如果三者中，不得已要去掉一个，应该去掉哪一个，孔子说，先去掉军队。子贡问其次去掉的应该是哪一个，孔子说，实在不行就去掉粮食，而信任最重要。孔子的原话是："自古皆有死，民无信不立。"一个领导的领导力，就在于让员工看得到希望，让员工相信他能够公平公正地对待他们。

1995 年年末，豪迈还处于亏损状态，为了让员工过一个安心年，张恭运四处借钱，并挨家挨户给员工送工资。张恭运的想法是，不能辜负员工对我们的信任。

张恭运在 1995 年创立豪迈前，曾经在新疆和山东国企工作过十多年，从最基层的岗位开始，一直做到主管生产的副厂长。这种从普通员工到领导的经历使他能够将心比心地替员工着想，将诚信文化作为豪迈领导力的基础来建设。

2022 年 11 月，张恭运在第十二届"海洽会"先进制造领域高层次人才创新发展论坛上演讲，他讲到了为什么豪迈能够实施全员创新，为什么初中毕业的王钦峰能够在豪迈这个平台上充分发挥才干。他认为关键就在于豪迈集团的诚信文化建设，这种文化使领导和员工之间产生了稳定的信任关系，这种信任关系产生“化学反应”。张恭运说：“我觉得做企业和做人是一样的，给别人信心就是给自己机遇。比如，有这么多竞争对手，客户为什么会把订单交给我们？就是因为我们给了客户信心，客户相信我们能把事儿干好，即使干不好，我们也会全心全意地去努力。”

值得称道的是，豪迈集团在收购整合外部资产时，也充分发挥诚信文化的力量。

2017 年，豪迈控股山东荣泰感应科技有限公司（简称荣泰）。荣泰是国内中高端中频感应加热装备制造商，到 2017 年已有 20 年历史，其创始人决定退出企业经营管理事务，经过与张恭运反复沟通后，豪迈接手荣泰。张恭运找到了豪迈集团销售部部长邱宪路，让他出任荣泰总经理。对于荣泰的经营管理，张恭运提了四个要求：第一，没有业绩指标；第二，没有利润指标；第三，把荣泰建成中国乃至世界一流品牌集团；第四，让员工获得安全感和快乐。

邱宪路十分珍惜豪迈集团对他的信任，他知道，豪迈接手荣泰，也是豪迈对荣泰创始人的一种承诺，他只能干好，不能干砸。

邱宪路的办法是从信任入手。

荣泰在豪迈接手之前的薪酬制度是对销售员实行提成制，对普通员工实行计件制，这种薪酬制度的好处是企业员工的收入总体来看高于当地同行企业，缺点是员工收入跟随企业收益变化，可能出现“过山车”现象，员工缺乏安全感。邱宪路决定实行固定工资制，具体工资数额由员工根据不同岗位，结合同行业、同资历人员的社会平均工资自行申报。

这种薪酬确定方法曾经在 1987 年巴西一家传统制造业企业塞氏公司成功实行过，但被大多数人认为是乌托邦式的管理试验。而在豪迈接手荣泰后的 2017 年，邱宪路实行薪酬自行申报的结果是：总体工资水平上涨 16.9%，比预期的 20% 略低。

薪酬自行申报的成功实施，树立了豪迈的诚信形象，建立了员工与企业相互信任的基础。为了进一步强化员工与企业之间的相互信任，激发员工的凝聚力、积极性，邱宪路在厂区内设立意见箱，意见箱放置在没有摄像头的隐秘之处，如厕所内，这样就能够让员工没有顾忌地提出自己的各种意愿、诉求，也包括有关企业运营各个环节改善、更新、创新的意见和建议。每周五早会，邱宪路只要不出差，都会进行回复。员工们发现，他们的意见得到了企业重视，很多诉求得到了满足，很多意见和建议得到了落实。

在对荣泰与豪迈进行文化整合的过程中，到荣泰工作的各工种的豪迈骨干员工也以实际行动践行着豪迈的诚信文化。这些豪迈员工到荣泰后，不是担任部长、主管、班组长等管理职务，而是以师傅、骨干的身份被分配到公司的各个岗位，他们身体力行，以踏实、敬业、规范的职业素养影响着荣泰员工。

三、三个共同体打造豪迈共享文化

豪迈的三个共同体指的是利益共同体、事业共同体和精神共同体。三个共同体是具有鲜明豪迈特色的企业治理结构，而其核心则是张恭运对人性、人情的深刻洞察和顺势而为。他创造性地将中华优秀传统文化对于人性的深刻洞察与现代企业经营管理联系起来，创造出高效的企业治理结构。

我们先来看利益共同体。

利益共同体的理念从豪迈创业伊始就落地生根。1995 年张恭运和合伙人共同出资买下机修车间时，其他合伙人提出让他控股，张恭运拒绝了。他说："我之所以不控股，是不想把公司办成一个人说了算的企业。哪天如果我头脑发热，你们可以联合起来行使否决权，把我推翻。”从张恭运这段话我们可以读出他的胸襟与抱负，也可以读出他对权力的警惕。张恭运通过这样一种股权设计，自觉地用制度来约束自己。

利益共同体对普通员工而言，体现在工资的逐年增加上。豪迈每年设置一个年度涨薪计划，基本保持 12% ~ 20% 的涨幅。从 2011 年到 2022 年，公司两轮“工资翻番”计划都已经实现；公司在 2021 年还提出了新一轮“6 年工资倍增”计划。

对于核心骨干员工，利益共同体则体现在股权激励机制上。从 2000 年开始，豪迈吸收优秀骨干员工成为公司股东，员工不论岗位、学历、年龄，只要符合股东评价标准，就有可能成为公司股东。当年，豪迈股东人数达 46 人，占全体员工的 60%。截至 2023 年年底，豪迈集团持股员工人数已达 5000 余人。

为了解决员工在住房、医疗、教育等方面的后顾之忧，豪迈集团建了 3 处住宅小区、1 所医院，创办了 2 所幼儿园、2 所小学、1 所初中、1 所高中、1 所职业学校，还建了 2 个俱乐部。考虑到退休员工日益增多，豪迈还在筹备养老院的建设。

从上述介绍中我们可以看到，豪迈通过利益共同体将企业利益和员工利益深度连接，将儒家“己欲立而立人，己欲达而达人”的理念落实为工资待遇、股权激励以及较为完善的住房、医疗、教育、养老等方面的福利。

其次，我们来看事业共同体。

豪迈的事业共同体指的是要让所有员工在工作中获得成就感、价值感、使命感，而不仅仅作为打工者。在这样一个事业共同体中，事业不只是领导者的事业，也是全体员工的事业。豪迈的事业共同体在相当高的程度上就是儒家价值观引领力的现代企业版。

张恭运在第十二届“海洽会”先进制造领域高层次人才创新发展论坛

上的演讲中，就讲到如何激发员工的积极性、创新能力，使员工在工作中获得成就感、价值感、使命感，从而打造豪迈的事业共同体。豪迈不像一般企业那样过度看重学历，而是鼓励所有员工在自己的岗位上进行创新、完善，同时，也通过开办职业学校、夜大等，为员工知识与能力的提升创造条件。正是在这种良好的氛围下，优秀员工不断涌现。据张恭运介绍，到2023年，初中生、技校生、高中生在高管中的比例大概有20%。

豪迈的这种事业共同体也延伸到了豪迈接手重组的企业中。2017年，豪迈接手重组荣泰。当时荣泰有一个电焊工师傅，在荣泰工作已经十多年了，家里有三个孩子。有一天，上幼儿园的老大问他："我同学爸爸有做老板的，也有当官的，您是干什么的？"电焊工师傅初中毕业后就当了工人，一直觉得自己没什么价值，孩子这么一问，搞得他很恼火，说："好好上你的学就行了，你问这干啥，又没缺你饭吃。"老二上学后，也问了这个问题，师傅也是这么呵斥回去的。到了老三上学时，荣泰由豪迈接手管理，开展了创新改善活动，电焊工师傅不爱说话爱钻研，琢磨出的新点子被公司采纳，连续三个月获得了创新提案前三名，公司决定给他一个大奖。不久，他收到了公司发来的邀请函，邀请他带家人参观园区，和总经理一起用餐，再一起种下一棵柿子树。在荣泰，这棵柿子树归获奖者终身所有。活动结束后，电焊工师傅心想，这下完了，孩子们终于知道自己只是一个电焊工了。但晚饭时，妻子做了一桌丰盛的饭菜为丈夫庆贺，老三说："爸爸，你是你们公司的三好学生，大家都给你鼓掌，你可真棒，我以后也要好好学习，当三好学生。"孩子的话让他泪流满面。他对三个孩子说："你们的爸爸就是个烧电焊的，但烧电焊也能烧得很棒，所以你们以后不管干啥，只要能干得很棒就行了。"更令人欣慰的是，电焊工师傅已经成为荣泰股东，享有分红等股东权益。

最后，我们来看精神共同体。

从我们对豪迈集团经营管理相关资料的梳理研究看，精神共同体这一理念是豪迈极具中国特色、儒家仁爱精神气质的现代企业管理理念创新。

在张恭运看来，所谓精神共同体就是豪迈所有领导与员工分享着共同的价值观，“就是我们怎么看待公司，怎么看待工作，怎么看待利润等，包括在公司里对频繁遇到的事情是怎么看的，怎么算对错，怎么分好坏，这些事得讲明白”[1]。张恭运的创造在于，通过游戏规则的制定让豪迈的价值观落地生根。

而张恭运制定的游戏规则，体现出他对人性的深刻体察，对于人性中良善方面的倡导和鼓励，对人性中负面因素的控制。1997 年，张恭运处理一起员工打架事件的方式就是一个典型案例。

张恭运把两人叫到办公室，批评教育一番后，提出了解决办法：“你们俩每人出 30 块钱，共同去买糖，一起分发给厂里的所有人，这个事儿干不完不准干活。”

张恭运的想法是：发糖时，大家就会问“为什么发糖啊？有什么喜事吗？是结婚还是生小孩了……”，这样，在大家呵呵一笑中，两人的关系自然得到了缓解，也使其他员工引以为戒，顺带也让大伙儿甜蜜了一把。

豪迈的精神共同体的打造就是要让全体员工在豪迈工作着、学习着、进步着、创造着、收获着、快乐着，让每一位员工尽可能地获得尊重和关爱。

有一次，因为员工宿舍没有取暖设备，一名员工找到负责这方面工作的副厂长，希望厂里给配电褥子御寒。副厂长说：“谁说要配电褥子？难道还要给你配个媳妇儿不成？”这名员工愤而辞职。张恭运听说此事后，到这名员工家里致歉，并对挖苦员工的副厂长进行免职处理。

[1] 摘自张恭运在第十二届“海洽会”先进制造领域高层次人才创新发展论坛上的演讲。

前面我们讲到，先秦儒家特别强调领导者要对下属“仁爱”，要自觉履行絜矩之道，推己及人，将心比心，以此凝聚人心。张恭运将这一优良传统创造性地运用在豪迈的员工人心经营上，其中，对员工创新活动的及时奖励就是打造精神共同体的一个成功样本。

张恭运通过对体育竞赛规则的思考，悟出了要顺应人性来制定奖励规则，以此培养企业创新精神，使豪迈精神共同体落地生根。

豪迈的创新奖励原则就是奖得及时、真诚、热闹，就像体育比赛一样，球员打了一个好球，投进了一个球，周围的观众马上响起掌声、喝彩声，球员当时并未得到实质的物质奖励，但收获的是精神的满足。当然，如果球队最终比赛得胜，他们还会获得应有的精神和物质的奖励。豪迈的创新奖励规则就是如此，把员工的创新活动搞得像体育比赛一样，人人皆可参加，只要表现出色，就及时给予表彰。奖品可以是集邮册、与提案数量等量且带着自己名字的午餐券、几箱水果、青岛双人一日游、到集团总部参观交流的机会、带着家属与总经理一起就餐、在公司广场上种上以获奖者名字命名的“创新改善之树”，等等。

在及时奖励之外，对于在后来的应用中产生了更大的经济效益的创新项目，豪迈采用简便易行的“事后诸葛亮”和“周围人评说”的模糊评价法，根据效益、贡献情况再给予进一步奖励。

【总结】豪迈的三个共同体实际上就是儒家“己欲立而立人，己欲达而达人”理念和絜矩之道在现代企业经营管理中的创造性转化与创新性发展。《孟子·离娄下》中有：“孟子告齐宣王曰：‘君之视臣如手足，则臣视君如腹心；君之视臣如犬马，则臣视君如国人；君之视臣如土芥，则臣视君如寇仇。’”张恭运设身处地为核心团队和普通员工着想，通过三个共同体的打造，使核心团队和普通员工干得安心、快乐，将组织的凝聚力、创造力发挥到了极致。

第四章

道家思想与现代领导力提升

第一节　道家思想与领导力提升的关系

道家思想是传统文化中智慧最高的部分，道家的最高境界是参透宇宙自然和社会人生的根本规律。《道德经》开篇说“道可道，非常道”，就是强调宇宙自然和社会人生的根本规律幽深复杂，我们只有怀着敬畏之心，通过种种探究研习，才有可能获得领悟根本大道的入门资格，在此基础上，再进一步砥砺心性智慧，才有可能登堂入室，达到“无为而无不为”的至高境界。而“无为而无不为”正是领导者的最高境界。

一、道家思想的根本目标是“无为而无不为”

道家思想的根本目标是“无为而无不为”，其宗旨是“君人南面之术”，它可以为领导者提供领导力提升智慧。

道家强调最大限度地对宇宙人生规律的顺应，“天”“道”“自然”等都是在这个意义上提出的。而要实现“无为而无不为”、成为杰出领导者的关键，就在于对“道”，也就是宇宙自然和社会人生规律的了然于心。

《老子》中反复出现“无为”：“道常无为而无不为”（《老子》第三十七章）；“为无为，则无不治”（《老子》第三章）；“是以圣人处无为之事……功成而弗居。夫唯弗居，是以不去”（《老子》第二章）；“天下神器，不可为也，不可执也。将欲取天下而为之，吾见其弗得已。夫天下，神器也，非可为者也。为者败之，执者失之”（《老子》第二十九章）……

《老子》中讲“无为”，并不是说什么事情都不做，而是强调不能违背规律胡乱作为。因此，“无为而无不为”就是在掌握宇宙自然和社会人生规律之后，对现实情况有了准确判断之后，循序渐进，顺势而为，最终获得圆满结果。

因此，道家在管理方面的特点是，更倾向于使用和平的手段而非强制暴力的手段来达到目的，也正因如此，道家的管理手段和领导能力需要更长的时间来实现其目标，“事缓则圆”是道家管理和领导能力的基本特征。

中国历史上的智者如姜太公、管仲、范蠡、张良、诸葛亮、郭子仪、李泌、刘基，都与道家思想有着深刻关联。

需要特别指出的是，道家的无为包含开放创新的基因。因为无为强调的是遵循规律，根据实际情况制定合适的策略、方法、路径。同时，策略、方法、路径是否合宜，必须在实施过程中得到验证。因此，无为也就意味着不能固守原有的思想观念、制度措施，而要在实际管理中探索创新。

道家思想在管理和领导力方面的实际体现，是战国秦汉之际发展成熟的黄老之学（“黄”是指黄帝，“老”是指老子）。黄老之学的代表著作是 1973 年出土于长沙马王堆西汉墓的《黄帝四经》（亦称《黄老帛书》）。《黄帝四经》假托黄帝之言对老子学说进行改造，使之成为探讨富国强兵的为政之道。黄老之学从老子的思想中汲取的主要是宇宙论和自然无为的方法论，以此为其政治主张的哲学基础，同时广泛吸取法家、儒家、阴阳家、名家等诸子思想，形成道法结合、以道论法、兼采百家的学术特征。

尽管黄老之学是在战国秦汉之际发展成熟的，但就古代政府管理的实际运用来说，商周之际的姜太公、春秋中期的管仲就已经较为娴熟地应用这些思想和手段了，只不过战国秦汉之际人们才对这一思想流派进行进一步总结梳理而已。

姜太公是商周之际杰出的政治家、军事家，是辅佐周文王和周武王推翻商纣王暴虐统治的核心智囊。在周文王时期，“天下三分，其二归周者，太公之谋计居多”；周武王建立周朝后，“师尚父谋居多”。(《史记·齐太公世家》)

周文王身边本来就有号称“文王四友”的南宫括、散宜生、闳夭、太颠，为什么姜太公后来居上？就是因为姜太公在实践中将无为的开放创新基因发挥到了极致。

能进一步显示姜太公领导能力的，是他被分封到齐国之后的地方治理效果。

姜太公被分封到齐国时，齐国并非经济文化发达之国，而是偏僻落后之地。姜太公刚到齐国营丘（今山东临淄西北）封地，就赶上了邻国莱国的攻打，莱国想要与姜太公争夺营丘。姜太公获胜后，根据齐国的情况，确定发展计划，将偏远落后之地建设成为兴旺繁荣之地，奠定了此后齐国经济文化发达的基础。

齐国既有可发展农业的区域，也有矿产资源，更有滨海发展渔业、盐业的优势，但齐国民众是当地的夷人，有自己的风俗习惯。姜太公治理齐国，就是根据这样的自然条件和社会状况，“因其俗，简其礼，通商工之业，便鱼盐之利”(《史记·齐太公世家》)，顺应齐国当地社会习俗，根据实际情况对周朝的礼仪制度进行变通，实现本土化落地。齐国在发展农业的同时，也重视渔业和盐业，并充分发展商业，使得滨海优势得以发挥，由此从偏远之地变成经济文化发达之国，后来又经过管仲、晏婴以及战国时期齐威王、齐宣王等的治理，在各诸侯国中始终处于先进地位。春秋后期的范蠡，就是到了齐国后成为商圣的。

姜太公成功治理齐国，是因俗简礼、开发渔业盐业、发展商业等一系列创新举措的结果。

二、道家“圣人无常心，以百姓心为心”的领导智慧

道家“圣人无常心，以百姓心为心”（《老子》第四十九章）的论断包含着尊重个体意愿、个人自由的重要价值取向，道家认为尊重了个体的自由发展，就可以进入一个生机勃勃的境界。道家的这一思想，源于无为思想，而无为思想可追溯到“无”这一宇宙自然的本源。老子认为，“人法地，地法天，天法道，道法自然”，自然本身就有自己的运行规律，自然之道就是无为。只要学习自然之道，就可以达到这种境界。

《老子》第五十七章中有“以正治国，以奇用兵，以无事取天下”，这里的“无事”就是无为的意思。《老子》第五章中有：“天地之间，其犹橐（口袋）籥（古代一种乐器）乎？虚而不屈（不衰竭），动而愈出。多言数穷，不如守中。”天地之间，就像一个风箱，空虚但不会衰竭，一旦发动起来就会自然而然地生生不息。因此，政令烦苛反倒加速灭亡，而清静无为，反而能让社会充满生机活力。而在这一段论述之前，是老子的著名论断：“天地不仁，以万物为刍狗；圣人不仁，以百姓为刍狗。”意思是说：天地自然，自有其运行规律，它任凭万物自然生长；杰出的领导者同样没有特别的偏私，而是让百姓自己发展。

对《老子》第五章的这段论述，陈鼓应《老子注译及评介》中指出：“天地之间是一个虚空的状态。虽然是‘虚’状的，它的作用却是不穷竭的，这和第四章的说法一样，这个‘虚’含有无尽的创造的因子。……老子所说的‘虚’不是个消极的观念，反是个积极的观念。”[1]陈鼓应的评述很精当。老子所说的“无事”“无为”“虚”“守中”，都是指大自然的运作之道，因为大自然的万事万物本身就能够自然生长。人类社会也应当如此，让社会个体自然发展。

[1] 陈鼓应. 老子注译及评介［M］. 北京：中华书局，2009.

《老子》第十七章中有:“太上，不知有之；其次，亲而誉之；其次，畏之；其次，侮之。信不足焉，有不信焉。悠兮，其贵言，功成事遂，百姓皆谓‘我自然’。”意思是：最好的领导，是大家不知道他的存在，他很少说话，但是事情办好了，百姓说这是我们自然而然做到的。

《老子》第六十三章中有:“是以圣人终不为大，故能成其大。”意思是：杰出的领导者不好高骛远，不好大喜功，而是让事物自然生长，这样就自然而然地成就了伟业。

上述两段论述，实则是人类社会中自组织管理的最佳图景。当然，要想真正实现这一境界，还要做很多相关的工作。

老子所说的自然之道，并非天方夜谭，而是反复观察思考宇宙自然和社会人生后的一种天才的洞见。自组织理论是西方科学家在 20 世纪 60 年代末期通过研究复杂自组织系统（生命系统、社会系统）提出的一种科学理论。自组织理论认为，在一定条件下，系统可以自发地由无序走向有序，由低级有序走向高级有序。德国物理学家哈肯的协同论、比利时物理化学家普利高津的耗散结构理论从不同的学科角度讨论了自组织理论。哈肯认为：组织根据进化形式不同，可以分为他组织和自组织；在没有外部指令的情况下，以某种“默契”规则自动形成有序的结构就是“自组织”现象；如果一个系统的自组织功能较强，就说明其生命力较强。普利高津则认为，一个远离平衡态的开放系统，通过与外界环境交换物质、能量和信息，从环境中获得负熵流来抵消系统内部的熵产生，就可能在一定条件下从混乱无序的状态演化为一种稳定有序的结构。

值得注意的是，哈肯和普利高津都认为他们的自组织理论与中国传统文化中重视整体、重视自发性的思想有相通之处。因此，老子的自然之道，可以说是最古老的自组织哲学思想。

齐国的开创者姜太公、春秋中期的管仲，都是深通道家这一原则的杰出领导者，都是通过顺应百姓谋生致富的愿望，发展渔业盐业，发展商业，使得齐国在经济、政治、军事、文化等方面都稳居当时各诸侯国之首。管仲因辅佐齐桓公九合诸侯，一匡天下，被称为“春秋第一相”。孔子对管仲的政治功业大加赞许，说“微管仲，吾其被发左衽矣”(《论语·宪问》)。

成书于战国至秦汉间的《管子》一书对管仲的治国之道有很好的总结。《管子·牧民》提出了“政之所兴，在顺民心”的命题，这无疑是老子“圣人无常心，以百姓心为心”命题的进一步发展。在《管子·牧民》中，作者认为人民追求快乐、富贵、安全、生育，领导者满足了人们的这些基本愿望后，就可以实现“仓廪实而知礼节，衣食足而知荣辱”的目标了。

姜太公、管仲实行的顺应民心的治国之策在战国的田齐时代被继承下来，使得齐国富民强国的态势一直保持得很好。《战国策·齐策》中记载齐国首都的富庶景象：“临淄甚富而实，其民无不吹竽、鼓瑟、击筑、弹琴、斗鸡、走犬、六博、蹋踘者；临淄之途，车毂击，人肩摩，连衽成帷，举袂成幕，挥汗成雨；家敦而富，志高而扬。”

三、领导者要时刻克制自己的欲望

道家认为“天下万物生于有，有生于无”(《老子》第四十章)，因此，一个领导者的最佳状态就是自己的所思所想、所作所为都符合天道。《老子》第十六章讲的就是这种理想状态：“致虚极，守静笃。万物并作，吾以观复。夫物芸芸，各复归其根。归根曰静，是谓复命。复命曰常，知常曰明。不知常，妄作凶。知常容，容乃公，公乃王，王乃天，天乃道，道乃久，没身不殆。”这种状态的核心就是让自己的心境处于宁静清澈的状态，这样就可以始终远离灾害，始终走在大道上。

《老子》第十二章专门描述了过度追逐外物对人本性的损害：“五色令人目盲；五音令人耳聋；五味令人口爽；驰骋畋猎，令人心发狂；难得之货，令人行妨。是以圣人为腹不为目，故去彼取此。”这种损害在历史上和我们的日常生活中十分常见。

成功者更要自省、自制。《老子》第九章有“富贵而骄，自遗其咎。功成名遂身退，天之道也”，第二章有“功成而弗居。夫唯弗居，是以不去”。老子深刻地看到，人性有自私自利的一面，让领导者自我克制欲望是一件“反人性”的事情。《老子》第七十七章指出：“天之道，其犹张弓欤！高者抑之，下者举之；有余者损之，不足者与之。天之道，损有余而补不足。人之道则不然，损不足以奉有余。孰能有余以奉天下？唯有道者。”老子认为，天道是无私的、没有偏爱的，但“人之道”也就是人性是自私的。能够克服人的自私本性而践行天道是对人性中的自私本性的超越。

怎样才能让自己达到符合天道的状态呢？《老子》第十五章中有：“孰能浊以止，静之徐清？孰能安以久，动之徐生？保此道者，不欲盈。夫唯不盈，故能敝而新成。”意思是，最佳状态就是，在浑浊动荡之时能够设法让内心安定下来，使心境处于宁静清澈状态，在安定已久的状态下能够保持内心的活力，对外物做出敏锐反应，内心能够保持如此状态，就能够不断去故自新。这样就可以进入“致虚极，守静笃”的天道状态了，就可以“没身不殆”。

中国智者代表诸葛亮深受道家这一思想的影响，他在《诫子书》中写道：“夫君子之学，静以修身，俭以养德。非淡泊无以明志，非宁静无以致远。”道家讲“弃圣绝智”“少私寡欲”，并不是反对使用智慧，而是反对自以为是、耍小聪明，正确的理解是：淡泊以明志，宁静以致远。

张良是刘邦的“首席智囊”，郭子仪是唐肃宗时期平定安史之乱的重要将领，他们都在当时为建立新朝或安定国家做出了重大贡献，但他们不约而同地采取了道家的态度“功成名遂身退”，主动克制自己的欲望，反而成就了圆满的人生。张良被刘邦称赞为“运筹帷幄之中，决胜千里之外”，张良对当时的政治军事形势看得很清楚，同时对刘邦团队的各个派别也看得很清楚，因此在辅佐刘邦建立汉朝后，主动向刘邦提出退隐江湖，安享余生。郭子仪也是如此，在平定安史之乱后，他从不居功自傲，而是甘居下位、谦恭不争，得以安然处于中唐时期错综复杂的环境。

四、对人性、人情、形势的清晰把握

《老子》反复强调“清静”“静笃”，就是要让领导者在任何环境下都保持内心宁静、头脑清晰，对人性、人情、形势有清晰把握。道家学说之所以能在战国时代发展为黄老之学，并对法家学说的形成有重要贡献，主要在于这方面的思想成就。

鲍叔牙和管仲相互理解、相互成就的故事很能说明领导者必备这一素质。鲍叔牙和管仲早年就相识并共事。两人一起做生意时，每次管仲都要多分钱；打仗时，管仲往往偷跑在前。这些缺点鲍叔牙都清楚，但他更了解管仲的优势。因此齐桓公继位时，鲍叔牙极力推荐管仲为宰相，管仲因此既成就了自己，也成就了齐国和齐桓公。而管仲去世前却没有推荐鲍叔牙，因为鲍叔牙疾恶如仇，难以在复杂的环境中开展工作，事实也证明了这一点。

张良本是韩国贵族，之所以最后追随刘邦，是因为张良所讲的战略只有刘邦能听懂，同时刘邦能果断决策，是一个能成就大业的人。

安史之乱后登上历史舞台的李泌是唐肃宗、代宗、德宗三朝的重要人物，他参与国家大政方针的制定，运筹帷幄，为安定国家做出了重大贡献。李泌是典型的道家人物，不仅对国家大势、政治格局了然于心，对人性、人情也体察入微。尽管深得皇帝信任，但他反复强调自己是“绝粒无家”的世外人，对荣华富贵没有兴趣。《新唐书·李泌传》记载，唐德宗打算授予他集贤殿、崇文馆大学士职位，李泌坚决要求去掉“大”字，只要“学士”头衔。李泌的谦退保全了他自己，也保全了肃宗、代宗、德宗三朝的国家大政。唐肃宗做太子时，口蜜腹剑的宰相李林甫多次进谗言陷害他，唐肃宗对他恨之入骨，即位后，打算挖出李林甫遗骸焚烧泄愤。李泌认为身为天子却对旧恨念念不忘，不能以宽广的胸怀昭示天下，会使那些投靠叛军的人不再有改过自新的想法。肃宗很不高兴，说:“你忘了往事吗？”李泌说:“臣考虑的不在于这些。上皇统治天下五十年，一朝失意（指玄宗逃亡四川），南方气候恶劣，而且他已年迈，听到陛下记恨旧怨，将会惭愧不乐。万一上皇伤感得病，就是陛下以天下之广大，还不能够安抚亲人啊。”肃宗听后很受触动。《老子》中有“上善若水”“居善地，心善渊，与善仁，言善信，政善治，事善能，动善时”，李泌就是这样的。

从这里，我们看到的是，李泌不仅对国家大势了然于心，对人性、人情也体察入微、考虑周全，这使得他的劝谏能够入耳、入脑、入心，真正达到“润物细无声”的境界。

第二节　道家思想应用的历史案例：汉初黄老之学与汉文帝执政

从公元前 202 年汉朝建立到汉武帝即位后的第六年（前 135 年，建元六年）窦太后去世，67年时间里，汉朝盛行的是黄老之学，其中出现了历史上著名的文景之治。汉初从刘邦开始就信奉黄老之学，到汉文帝，黄老之学的治理潜力得到了最充分的发挥，由此开创文景之治的盛景。

一、汉初黄老之学成为显学的背景

道家思想的宗旨是“君人南面之术”，其领导力的逻辑就是“无为而无不为”。黄老之学既然将老子的思想贯穿于政治军事实务，就意味着要在团队建设、凝聚人心、充分发挥一流人才优势上下功夫。汉朝开创者刘邦在这方面很有心得且做得很好。

刘邦还没发迹时，在老家基本上属于房无一间、地无一垄的人物，但他为人豪爽，跟各方人士打成一片，后来在建立汉朝过程中发挥重要作用的人物如萧何、樊哙、夏侯婴、周勃、曹参等，就是他在这一时期结识的。当地名士吕公当时就看出刘邦的不凡，将女儿吕雉许配给他。刘邦最初显示出凝聚力的事，是身为亭长押送役徒去骊山服徭役时的举动。刘邦为人粗豪，他押送的役徒们没走多远就逃走了不少，按照秦朝法律，即使刘邦带着这些人按时到达目的地，这些人也将难逃一死。因此，刘邦对役徒们说：“咱们散伙吧，各奔前程。”役徒们感念刘邦的宽厚，甘愿追随刘邦，这就有了刘邦后来打天下的最早队伍。

到攻入关中及至被封为汉王，刘邦将黄老之学的“无为而无不为”用到了极致。刘邦攻入关中后，为了争取民心，封闭秦朝宫殿，封锁国库，将军队撤到咸阳城外驻扎，不骚扰关中百姓，并与关中百姓约法三章：“杀人者死，伤人及盗抵罪，余悉去秦法。”汉朝后来宽法省刑的传统可以追溯到这里。

刘邦被封为汉王后，不断聚集杰出人才。刘邦将这些不世之才组织起来，通过奖惩制度充分发挥人才潜力，最终建立了汉朝。

值得一说的是，和刘邦打天下的功臣们，基本上都是道家及黄老之学的信奉者，如张良、陈平、萧何、曹参等。刘邦和他的创业团队深感秦朝法律严苛，对民众压迫剥削过重，在建立汉朝后，选择黄老之学，宽法省刑，使社会经济得到有效恢复。

刘邦去世后，最高统治阶层依然高度认同黄老之学，实行无为之治，使得社会各个领域有了创新创造活力，最终达到了“无为而无不为”的效果，那就是文景之治。

二、汉文帝的成长经历及性格与黄老之学的契合

文景之治的开创者是汉文帝刘恒。刘恒在登基之前的经历十分曲折，这种特殊经历造就了他特殊的性格，使他与黄老之学有一种特别的缘分，也使他在实施黄老之学时更加游刃有余。

刘恒的母亲薄姬本是汉宫织布坊宫女，母子俩从一开始就是被冷落的，但母子俩最大的优点就是低调、与世无争，心态善良平和，从某种意义上说，他们天生就与道家思想投契。这种性格让他们母子俩逃过了吕后当政时对刘邦宠姬及其子女的杀戮，刘恒因默默无闻得以被封为代王。

吕后去世后，政治格局再次发生巨变。因为曾经的吕后外戚家族太过强势，周勃、陈平等大臣选择了外戚势力薄弱且性格温和的刘恒。这种经历必然会强化刘恒对道家及黄老之学的认知。

三、汉文帝治理举措及业绩

1. 理性、妥善处理各种关系，稳定政局

要做到清静无为，首要的是保持内心的理性、冷静，正确分析形

势，妥善处理各种关系。这在刘恒获得周勃、陈平等大臣拥立时的一系列反应中可以看出来。

当时周勃、陈平等派出使者到代地，迎立代王刘恒为帝，刘恒并未马上应承，而是和下属商量，听取各种意见。为了搞清楚长安方面的实情，他还派舅舅薄昭专程到长安打探消息，确证拥立之事为实。到达长安后，在最短的时间内稳妥完成了权力交接，当时刘恒只有 24 岁。

汉文帝登基后，刘姓诸侯王势力比较大。汉文帝三年（前 177 年），济北王刘兴居发动叛乱被镇压，刘兴居被俘自杀；汉文帝六年（前 174 年），淮南王刘长意图叛乱被朝廷发觉，被发配至蜀郡，途中绝食而死。

对于诸侯王势力的恶性发展，贾谊在《陈政事疏》（即《治安策》）中提出“众建诸侯王而少其力”，即将诸侯王国版图不断分割，以此削弱其实力，实现中央集权的目的。汉文帝很认同这个办法，但他需要找到合适的时机。汉文帝十六年（前 164 年），齐文王刘则死，无子嗣位，汉文帝趁机将最大的齐国分为六国，后来又将刘长的三个儿子刘安、刘勃、刘赐等分封为王，将淮南国一分为三。

当时与汉朝并存的北有匈奴，南有南越国，汉文帝根据汉朝当时的实力，采取和平相处的政策。在对匈奴的关系上，考虑到当时汉朝的综合实力尚不强大，对匈奴一方面继续实施高祖以来的和亲政策，另一方面实行“募民实边”策略，还在边地建立马苑 36 所，同时奖励老百姓养马，以满足边防对马匹的需求。这些措施为后来汉武帝彻底解决匈奴问题打下了基础。对南越国，汉文帝采取安抚政策，向南越提供生产所需的铁器、农具、牲畜等；派人修葺赵佗在真定（今河北正定）的祖坟，并派人守护，岁时祭祀。在文帝诚意的感召下，赵佗谢罪称臣，为汉朝赢得了发展经济的有利条件。

道家和黄老之学的“无为而无不为”，强调的是顺势而为，讲究时机、方法、方式、策略。汉文帝在国家治理上做得很出色。

2. 轻徭薄赋，关爱民众

刘邦建立汉朝后，吸取了秦朝过度剥削百姓最终灭亡的教训，改田赋为“什五而税一”，汉文帝进一步减轻农民负担，“除田租税之半”，即租率由十五税一减为三十税一，即纳 1/30 的土地税。同时，文帝时期减少徭役的时间和频率，以长安城墙的修葺为例，修葺时间都是在农闲时期，每次只持续一个月左右，保障农民有足够的时间从事农业生产，因此，虽然工程量不算大，但历时五年才最终完成。文帝还颁布了一系列措施，针对鳏、寡、孤、独等几类人分别制定了不同的政策加以扶助。

3. 宽法省刑，尊重法律与制度

宽法省刑就是将繁杂苛刻的法律简化，一方面便于百姓知晓、遵守法律，另一方面也便于官吏执法断案。黄老之学的重要特征是道法结合，也就是说在政府管理的实际操作中十分注重法律和制度的作用。在宽法省刑和尊重法律与制度这两个方面，汉文帝都做出了良好的表率。

汉文帝元年（前 179 年）十二月，废除“收孥连坐法”。连坐法就是一人犯罪，祸及亲族，汉文帝下诏废止。废除肉刑是汉文帝的另一项重大刑法改革。所谓肉刑，就是伤残肢体的刑罚，古代肉刑有黥、劓、刖、宫等。汉文帝十三年（前 167 年），齐太仓令淳于意有罪当刑，淳于意没有儿子，只有五个女儿，被逮捕时，淳于意骂道：“生子不生男，缓急非有益也！”小女儿缇萦听了责骂，跟着父亲到了长安，向汉文帝上书，愿意替父顶罪。汉文帝很感动，下诏废除肉刑，改用笞刑代替。

在对官员的处置方面，汉文帝也注重依照法律进行。应劭《风俗通义·正失》云“文帝本修黄、老之言，不甚好儒术”，《史记·儒林列传》也讲到“孝文帝本好刑名之言”，汉元帝时，贡禹上书说“孝文皇帝时，贵廉洁，贱贪污，贾人、赘婿及吏坐赃者皆禁锢不得为吏，赏善罚恶，不阿亲戚，罪白者伏其诛，疑者以与民，亡赎罪之法。故令行禁止，海内大化”，由此可以看出汉文帝严格执法的态度和效果。

更值得称许的是汉文帝以身作则，自觉遵守法律，这在传统社会中十分难得。

汉文帝后元六年（前158年），匈奴入侵汉朝边境。刘礼驻军霸上，徐厉驻军棘门，周亚夫驻军细柳。汉文帝慰问军队，到霸上和棘门的军营时，驱驰而入，将军和下属都骑马迎送。但汉文帝的先行卫队到细柳营时，却被阻拦。军营将官说：“将军有令：‘军中只听从将军的命令，不听从天子的命令。’”汉文帝派使者拿着符节告诉将军：“我要进营慰劳军队。”周亚夫这才传令让文帝的车队进入，但不得驱车奔驰。于是汉文帝的车队拉住缰绳，慢慢前行。汉文帝说：“这才是真正的将军。霸上、棘门的军营简直就像儿戏一样，匈奴完全可以偷袭，俘虏那里的将军。至于周亚夫，谁能侵犯他呢？”

对于严格执法的张释之，汉文帝则是重用，并尊重他的执法行动。张释之曾经担任公车令，掌管宫门事宜。太子刘启（即后来的汉景帝）与梁王刘揖同乘一辆车入朝，到了皇宫外的司马门时没有下车，违反了宫卫令。张释之追上太子和梁王，阻止他们进宫，并以“过司马门不下车为不敬”的罪名，向汉文帝弹劾太子和梁王。汉文帝摘下帽子赔罪说：“怪我教导儿子不严。”薄太后也亲自下达特赦令，太子、梁王才得以入宫。文帝由此更加重视张释之，提拔他做了中大夫。

县人犯跸事件则是汉文帝尊重法律的另一个案例。汉文帝有一次出行，到中渭桥时，一个人突然从桥下窜出来惊动了皇帝御驾的马。这个人被逮捕，交由廷尉查办。张释之审讯后，依法判定为“冒犯车驾，罚金四两”，上奏朝廷。汉文帝很生气，认为判决过轻。张释之说：“法律是天子和百姓应该共同遵守的，不应偏私。法有定规，如果加重处罚，如何取信于民？廷尉是天下公正执法的带头人，如果廷尉不公正，地方也会不公，百姓就会惶恐不安！”汉文帝思考了很久后说：“廷尉的量刑判决是对的。”班固在《汉书》中写道：“张释之为廷尉，天下无冤民。”张释之能够公平公正地严格执法，与汉文帝对法律、制度的带头遵守和尊重是分不开的。

4. 厉行节俭，自省克己

汉文帝由于早年的曲折经历，在生活上十分节俭。《汉书·食货志》中记载“文帝即位，躬修俭节，思安百姓”，《史记·孝文本纪》记载，他经常穿着绨衣（一种质地较差的衣服），他宠幸的慎夫人在他的命令下也“衣不得曳地，帏帐不得文绣”。汉文帝曾经想做露台，计算花费后发现需要百金，他怜惜人民疾苦，取消了这个计划。他在位 23 年，宫室、园林、狗马、服饰、车驾等几乎没有增加。汉文帝在营建自己的陵墓霸陵时，明确提出薄葬的原则。《史记·孝文本纪》记载，汉文帝指示埋葬时“皆以瓦器，不得以金银铜锡为饰，不治坟”，也就是说随葬品一律使用陶器，不准用金银铜锡等金属做装饰，不修高大的坟，不放贵重的陪葬品。汉文帝临终时，又在遗诏中重申了薄葬的要求，“霸陵山川因其故，毋有所改”，就是说霸陵周围山水要保留原来的样子，不要改变。2021 年 12 月 14 日，陕西省考古研究院等单位发布消息，证实汉文帝霸陵被发现，其墓葬规格符合汉文帝生前的要求。

汉文帝执政中还有一个重要做法，就是自省克己。他继承“禹汤罪己”的政治传统，发布诏令主动承担天下治乱的责任。汉文帝即位的第二年（前 178 年），发生了日食现象，当时日食被视为上天的警示，因此汉文帝发布“日食求言诏”。在诏书中，汉文帝强调自己的不德，主动承担罪责，同时征集贤良。求贤纳言是中国古代政治中一个优秀传统。《国语·周语》记载:“故天子听政，使公卿至于列士献诗，瞽献曲，史献书，师箴，瞍赋，蒙诵，百工谏，庶人传语，近臣尽规，亲戚补察，瞽史教诲，耆艾修之，而后王斟酌焉，是以事行而不悖。”也就是说，最高领导人要在广泛听取各方意见的基础上进行政治决策，这样就能够最广泛地照顾到各方利益，使国家治理更加公平有效。在史籍中我们也看到，在贾山、贾谊、晁错、张释之等人的犯颜直谏面前，汉文帝做到了虚心纳谏、从善如流，其根本就是自省克己的品德在起作用。

四、对现代社会的启示

我们从汉文帝的政治举措中可以看到黄老之学在传统领导力建设上的积极作用，道家和黄老之学讲究尊重规律、循序渐进、顺势而为，在时机、条件成熟时积极改革，这样就可以取得“无为而无不为”的功效。在现代社会经济的管理中，吸收这种智慧是很有意义的。

第三节　现代案例研究：义乌发展经验——有效市场与有为政府

义乌在改革开放前，是一个人多地少且土地贫瘠、经济落后的地区。但就是这么一个既不沿边，也不靠海，也不是交通枢纽的浙江中部县域，经过40多年改革开放，发展成为享誉全球的世界小商品之都。

2023年义乌出口额突破5000亿元；汇集26个大类210多万种商品，关联着3200万名工人、210万家企业；与200多个国家和地区有贸易往来，吸引1.5万名外商常驻，各类外资主体达8000多家；国际商贸城日均客流量达20万人次……“义新欧”中欧班列开行9条铁路国际联运线路，辐射境外 50 多个国家和 160 多个城市。2011 年，义乌承担了国家综合改革试点任务，主题是国际贸易。经过十多年的改革发展，出口规模从全国的 1‰提高到 1/50，快递业务量 10 年翻了近 30 倍，占全国的 1/12。

义乌从一个几乎没有自然资源禀赋的普通县域经济体，发展为世界小商品之都，其发展经验，归根结底就是有效市场与有为政府的有机结合。义乌模式的最早提出者，原义乌县委书记谢高华说："义乌市场不是我凭空想出来的，而是义乌人民创造出来的，它凝结着历届义乌党委、政府精心培育的心血。"这个说法高度概括，也十分准确。

一、人民首创精神

"资源诅咒"是一个经济学理论，它指的是自然资源丰富的国家或地区因资源丰富而不思进取，最终其经济社会发展反倒落后于一些资源稀缺的国家或地区，在这种情况下，丰富的自然资源不但不是一种优势，反而是一种诅咒。

"资源诅咒"理论在国际和国内都有无数案例可以证实，但资源稀缺无论如何也不是好事，国内外也同样有无数的资源稀缺的国家或地区一直以来处于贫穷落后状态的案例。

因此，问题不在于自然资源的丰富还是稀缺，而在于一个地方的人民是否有改天换地、改变命运的意识、精神与能力。如果这个地方的人民有这样的意识、精神与能力，自然资源的丰富就是锦上添花，而如果这个地方自然资源稀缺，他们就会通过创新创造突破自然资源禀赋的限制，开创出一片新天地，实现从 0 到 1 的创造性突破，并不断自我更新，使得开创出来的新模式能够不断升级跃迁。义乌的成功，就是后者的逻辑。

义乌的成功最初靠的是摆脱贫穷和落后的求生本能。义乌土质属黄红壤，酸性强而肥力较差，为了生存，义乌农民从明朝开始就挑着自己熬制的糖块走村串户换鸡毛以肥田。在计划经济时代，这些“货担郎”会在担子里藏上针线头、纽扣等小商品，到20世纪80年代初，这样的“货担郎”已发展到几千人。这些“货担郎”在义乌县城稠城镇湖清门和廿三里集镇歇担摆摊，逐渐形成了自发性的小市场。由于本钱少，也由于当时人们消费水平低，他们经营的货品都是针头线脑之类的低值日用品，利润率低但商品周转率高。

即使在义乌小商品市场的发轫阶段，我们也可以发现义乌商家对市场的敏锐反应，对商机的及时、准确把握，这形成了义乌模式中最深刻的商业基因。

义乌小商品市场的第一代商家何海美就是一个典型案例。从农村嫁到县城的何海美没有工作，自己和孩子都没有城镇户口。1978年夏，在部队当兵的哥哥回家探亲，带回来一些越剧电影《红楼梦》的剧照。当时义乌电影院正在放映这部片子，何海美灵机一动，决定到电影院附近出售剧照。当时电影票5分钱，而剧照1元。该片在义乌只放映了3天，何海美就在这前后一段时间里赚到了30多元，抵得上丈夫一个月的工资。

义乌小商品市场最初的商品和全国其他类似市场一样，都是从全国各地市场或工厂贩运而来，但义乌后来实现了由市场主导，产品生产、研发和品牌打造一体化经营，国内国际两个市场相互促进、相互支撑的良性循环。到2023年，义乌小商品市场发展为汇聚了26个大类210多万种商品，一头连起我国210多万家企业、3200万名工人，另一头则是200多个国家和地区的商贸中心。

在义乌小商品市场经营的商户绝大多数都是中小微企业，他们经营的品类大多数都是日常生活必需品，这些商品价格低，利润薄，使用频率高。随着中国人力成本、土地等资源成本、环保成本的升高，这类商品和企业面临着生存考验，但义乌小商品市场在建立后的40多年里，穿过一个个商业周期，不断地升级换代，到现在已经进入第六代的数字经贸时代。

能够创造如此奇迹，与义乌小商品市场几十万商户不断创新以应对挑战的奋斗精神有关。

不会外语，商户们就通过夜校学习和自学来解决；面对淘宝等电商对义乌的冲击，义乌利用货源地优势、货物集散地优势和发达的物流体系扶持和发展电商，形成了青岩刘村、北下朱村这样的电商基地，吸引了全国各地的电商人才到此创业淘金。

对于直接面对国内外商户的义乌商家来说，痛点、难点这些负面因素，换个思路去看就是新的商机。义乌的“品牌出海”计划，就是在国内外商业环境变化后，义乌商户和政府共同努力结出的果实。

从义乌商户的角度看，随着中国制造业整体成本提升，只有产品向中高端方向发展，才可能永续经营。因此，品牌建设成为必答题。

2023年7月，在义乌品牌出海联盟成立与产品创新高峰论坛上，国外采购商们通过线上投票选出了“十大出海品牌”。这些出海品牌的共同之处，是在产品质量、产品设计、新品开发、功能等方面不断创新，适应不断变化的市场，引领了消费潮流。

“义新欧”中欧班列现在已经名满天下了，而班列的开通，既是政府顶层设计、大力推行的结果，也有民间力量的助力，冯旭斌就为“义新欧”中欧班列的开通做出了重要贡献。

土生土长的义乌人冯旭斌从1995年开始经营小商品，2010年他发现义乌的小商品通过新疆转运到中亚和俄罗斯，就想，如果能够实现铁路国际联运，就可以大大降低物流成本，提高经营效率。

2012 年 2 月 28 日，冯旭斌经过两年筹备，成立了义乌市天盟实业投资有限公司。天盟的意思就是“出天山，达欧盟”。2014 年 4 月 23 日，首趟“义乌—中亚五国”班列开行，这是“义新欧”中欧班列的前期探索。

2014 年，在国家“一带一路”倡议的鼓舞下，冯旭斌决定在当年 10 月 28 日开行首趟“义乌—马德里”班列。由于冯旭斌的公司是民营企业，从义乌到马德里的国际联运经过的国家更多，需要解决的问题也更多、更复杂，因此货源组织困难重重。经过多方努力，2014 年 11 月 18 日，首趟“义新欧”中欧班列从义乌西站出发。该班列载有 82 个标准集装箱，21 天后到达西班牙首都马德里。该班列是世界上运行线路最长、途经国家最多的国际班列，途经哈萨克斯坦、俄罗斯、白俄罗斯、波兰、德国、法国，终点为西班牙首都马德里，全程 13052 千米。“义新欧”使全球最大的小商品集散地义乌与欧洲最大的小商品集散地马德里之间实现陆路直通。至此，“义新欧”中欧班列正式开通，它的发起者是一个 16 岁就进入商场打拼的草根义乌人。

截至 2024 年年底，“义新欧”中欧班列义乌平台已开通运行了 20 条线路，辐射欧亚大陆 50 多个国家和地区，到达境外站点 101 个，集聚浙江、上海、广东、安徽、江苏、山东、福建、江西等 15 省市的货源。

像“义新欧”中欧班列这样的项目，是响应国家倡议的重大创新，而在义乌小商品市场上，还有无数大小不一的创新，它们集聚为义乌创新的宏伟力量，推动义乌不断迭代升级。

金小民的金斯顿公司从最初的货运代理服务到提供货代、仓储、报关、退税代理、保险、金融等全链服务，也是将痛点、难点转化为商机的典型案例。2004 年，金小民成立金斯顿进出口公司，为义乌小商品出口提供货运代理服务。“一带一路”倡议提出后，竞争加剧，金小民认识到，外贸服务只做一个环节，很容易被取代。而义乌中小外贸企业数量庞大，由企业自己雇人跑完每个出口流程效率低且成本高，如果能把货代服务延伸到仓储、报关、退税代理、保险、金融等全链条服务，就可以建立起自己的核心竞争力，成为客户不可缺少的帮手，服务成本也会降低，帮助义乌小商品创造更大的价格和速度优势。

现在，金小民的公司由最初的货运代理服务公司发展为金斯顿供应链集团有限公司，提供跨境供应链全流程集成服务。

二、政府积极有为

义乌小商品市场的发展固然是义乌人依靠首创精神干出来的，但如果没有政府的积极作为，也很难发展到今天这种状态。

在讨论义乌当地政府的积极有为时，我们要追溯到 1982 年 4 月—12 月任义乌县委书记的谢高华那里。正因为对义乌小商品市场做出了奠基性贡献，2017 年 4 月 16 日，谢高华荣获“全国商品交易市场终身贡献奖”。2018 年 12 月，党中央、国务院授予谢高华“改革先锋”称号，颁授“改革先锋”奖章，谢高华还获评“义乌小商品市场的催生培育者”称号。

以谢高华为代表的义乌党政部门积极有为的精神，其实质是顺应规律、勇于改革创新。这种精神在改革开放 40 多年后的今天已经成为共识，但在 20 世纪 80 年代初，坚持这种思想和做法，是要有足够的胆魄、坚定的信念的。

出身浙江农村的谢高华文化水平并不高，但可贵的是他对浙江农村的深刻了解，对浙江农民渴望通过勤劳致富的愿望的体察。更可贵的是，谢高华长期在基层工作的经验，使他对经济规律有深刻理解。

谢高华曾在衢县（今衢州市衢江区）任县委书记，衢县出产橘子，当时他认为，在完成国家计划的前提下，农民剩余的自留橘可以自主销售，这一想法引起了争议。1982年被调到义乌任县委书记后，谢高华的改革创新思想与义乌农民勤劳致富的想法相互碰撞，缔造了义乌“世界超市”的奇迹。

1982年4月，当地农妇冯爱倩因在街上摆摊被没收了货物，万般无奈之下，拉住了谢高华要说法，谢高华承诺会给说法。经过3个多月调研，1982年8月25日，县政府、稠城镇、县工商局城阳工商所三级部门成立的“稠城镇整顿市场领导小组”发布了“一号通告”，宣布从当年9月5日起，正式开放“小商品市场”。这是全中国第一份明确认同农民商贩和专业市场合法化的政府文件。1982年11月25日，义乌县委、县政府召开全县农村专业户、重点户代表大会。谢高华在讲话中提出了“四个允许”：允许农民经商，允许从事长途贩运，允许开放城乡市场，允许多渠道竞争。后来在回忆当时做出这种决策时，谢高华说:“当时改革情况复杂，我们也有很多情况搞不清。我就一切从实际出发，从老百姓的利益出发。”

有一个小故事可以反映谢高华尊重实践、尊重规律、顺应民意。1983年，谢高华到义乌农村调研，同行的工商部门领导看到村里有两个代销店，马上责问店主。按照当时规定，一个行政村只能开一家代销店，但谢高华马上制止工商部门领导，说:“他能生存，说明就有存在的需要，你管他干什么？”一年多以后，国家就废除了此类工商法规。

1984年10月5日，谢高华首次提出“兴商建县”的口号，强调将市场摆在义乌经济发展的龙头位置，把商贸业作为义乌的主导产业。“兴商建县”（后来是“兴商建市”）成为此后义乌党政部门的工作核心，使义乌走出了一条有效市场和有为政府相互促进、有机融合的发展路径。

在我国改革开放的早期历史上，像义乌那样的服装市场、专业市场、小商品市场有很多，后来大多衰落。而义乌党政部门在市场发展过程中顺应市场规律，把握发展方向，政府的积极有为与民众的市场活力形成合力，从而促进市场的不断升级换代。

值得一提的是，谢高华的改革创新举措得到了当地各级政府乃至国家层面的肯定。

谢高华调离义乌后，义乌历届党政部门都沿着“兴商建市”的战略继续走改革创新之路。

1993 年，义乌市委、市政府提出实施“以商促工、贸工联动”战略，义乌由此形成了商贸与工业联动发展的路径。1993 年 12 月，义乌成立中国小商品城股份有限公司，在全国最早打下市场“管办分离”的基础，使市场主办者变为政府控股的中国小商品城（集团）股份有限公司。2002 年 5 月 9 日，中国小商品城（集团）股份有限公司在上海证券交易所上市。

2006 年 4 月 30 日，浙江省委、省政府联合下发《关于学习推广义乌发展经验的通知》，在全省范围内学习推广义乌市经验。

2008 年 10 月 7 日，中央政策研究室和中央财经领导小组办公室组成的中国特色发展之路课题调研组发布调研综合报告，义乌成为全国改革开放 18 个典型地区之一。

2011 年 3 月 4 日，国务院正式批复《浙江省义乌市国际贸易综合改革试点总体方案》，这形成了继上海浦东新区、天津滨海新区等 9 个综合配套改革试验区后的又一综改试验区，也是唯一一个以“国际贸易综合改革”为内容的试验区。

三、有效市场和有为政府推动义乌小商品市场不断迭代升级

义乌小商品市场发展曾经遭遇很多挑战，但义乌都能够很好地应对，将挑战转变为机遇，促使市场不断迭代升级。2014 至 2015 年的电商冲击，近十几年来中国制造业整体成本的上升，2018 年以来的中美贸易摩擦以及国际商贸体系的重构，2020 至 2022 年的疫情冲击、数字化智能化等新技术对贸易的影响，等等。这些挑战，有的已经基本过去了，如电商冲击，但更多的挑战，义乌正在应对之中，其结果还要拭目以待。我们相信，在有效市场和有为政府已经推动义乌小商品市场迭代升级的今天，其未来活力将不可遏制。

讲到义乌的有效市场和有为政府的相互促进、相互激发，其案例俯拾皆是。

前面讲到“义新欧”中欧班列，我们主要是从义乌商人冯旭斌的角度说的，实际上在这个故事中，政府的积极支持与推动发挥着十分重要的作用。

冯旭斌在经商过程中发现了中欧国际铁路联运的商机，但要做成这件事，必须协调国内各相关部门，如铁路、海关，还要和沿线国家的政府及交通部门打交道，获得其支持。这是一项几乎不可能完成的事业，正因如此，冯旭斌在最初决定做这件事的时候，家人几乎全都反对。

2012 年，冯旭斌的天盟实业投资有限公司成立后，他首先要解决的是铁路义乌西站不能办理出口的海关业务问题，这一问题涉及铁路部门和海关系统。杭州、义乌海关负责人、业务科室负责人以及海关总署派往挂职的义乌市委常委、副市长等多次指导，义乌市物流办派出专门联络员帮助沟通协调，2012 年 10 月 26 日，杭州海关监管通关处发函义乌海关，同意铁路义乌西站海关监管场所建设，同意试行铁路转关集装箱运输相关业务。

2013 年下半年，我国提出“一带一路”倡议，在这一倡议的鼓舞下，义乌市政府与上海铁路局签署了战略框架协议。

2014 年 4 月，“义乌—中亚五国”班列成功运行后，义乌市委、市政府组建专班，落实专门工作人员，负责“义新欧”班列的推进工作，同时积极向国家有关部委争取支持。而浙江省委、省政府对“义新欧”班列工作也非常支持，相关领导专程赴义乌调研“义新欧”班列建设情况。

也正是因为有了政府部门的支持，有了“一带一路”倡议的鼓舞，冯旭斌在沿线各国的沟通协调也获得了成功。

2001 年，中国加入世界贸易组织后，义乌商户和政府都充分认识到其中的商机，开始将内贸转向外贸。义乌党政部门确立了建设“国际商贸名城”的发展思路，与此相应的就是建设相配套的国际物流中心，同时发展展会经济，促使义乌商流、物流、资讯流和资金流的高效运转，促进义乌市场的转型升级。义乌国际物流中心建成后，APL、马士基、东方海外、中海、中外运等国内外知名物流企业争相入驻。义乌国际物流中心还拥有近 6 万平方米的监管智能仓库，从报关到商检、调度等各个现代物流环节一应俱全。

义乌每年举办各类展会约 150 个，其中国家级展会 4 个，即中国义乌国际小商品博览会、中国义乌文化产品博览会、中国义乌（国际）森林产品博览会和中国国际旅游商品博览会。其中中国义乌国际小商品博览会是继广交会、华交会后的第三大展会。

正是政府在几个关键节点及时出台了相关发展政策，建设了义乌小商品市场所不可缺少的硬件、软件设施，使得义乌模式每次面临挑战都能够应对自如。

如面对电商冲击，义乌利用货源地优势、货物集散地优势和发达的物流体系扶持和发展义乌本地电商，打造出了以青岩刘村为代表的淘宝村，而北下朱村则被誉为“中国网红直播第一村”。2010年，义乌电商主体仅为1000余户，至2024年年底，义乌市场经营主体总量突破115万户，其中有68万户电商主体，跨境电商主体数量超过26万户。

义乌依托其供应链优势，吸引了亚马逊、速卖通、Shopee、Lazada、抖音、小红书等10余家国内外知名电商平台本地化服务机构落地义乌。其中，抖音电商产业带义乌服务中心是抖音在国内县级市设立的首个官方运营中心，小红书义乌电商运营中心的设立则使义乌成为全国第二个设立电商运营中心的城市。

从2012年开始，义乌在各级政府的支持下，获批国际贸易综合改革试点、国内贸易流通体制改革试点、自由贸易试验区等一系列国家级改革试点，这些改革举措，使义乌从一个区域性市场成长为全球性市场。

在推动义乌“品牌出海”方面，根据商户需求，义乌市贸促会、义乌市商城集团、义乌市市场监管局整合国企、商协会及部门资源，实现从“坐商”到“行商”、从商品出口到品牌“走出去”，通过搭建海外站、海外展、海外展厅、海外仓和海外分市场五种海外贸易拓展平台，推动义乌商品出海和品牌出口。

近年来，围绕义乌国际贸易综合改革试验区建设，义乌发展以新型进口市场为核心、线上线下数字化联动、全球化布局、货通天下的第六代市场，实现“买全球，卖全球”。

从2023年开始，义乌商城集团将AI技术作为传统市场转型的核心动力。Chinagoods平台专注开发符合义乌市场特性的自研AI产品，构建商贸大语言模型，探索人工智能系统在数贸领域的应用，为国际买家和卖家提供全场景、全链路的“一站式”国际贸易综合服务。

2024年11月22日，浙江义乌第六代市场核心标志项目——全球数贸中心正式对外发布行业布局，这标志着义乌市场“从传统贸易型向数字贸易生态跃升”迈出坚实一步。

第五章

法家思想与现代领导力提升

第一节　法家思想与领导力

儒家主要提供价值观方面的作用，道家主要提供思维方式、方法论的作用，而法家则是在儒道两家基础上主要提供管理工具和管理技术，法家思想的本质是逻辑严密的工具理性。

法、术、势都是在这个意义上呈现其价值的。

作为工具理性的法家，其法、术、势都是管理技术和管理手段，本身是中性的，其在现实社会中的优劣得失，完全取决于使用者的目的、心性修为、能力。目的正派，修为卓越，能力超群，法、术、势就是造福社会的工具；反之则危害社会，伤害民众。

一、法、术、势思想

1. 法是成文的公开发布的法律法规

法家管理思想以法、术、势为核心，在韩非子之前，慎到、申不害、商鞅各有侧重，但不管侧重于哪个方面，都强调法律制度的重要性。

法家对于“法”的推崇，在哲学上源于道家对于“道”的尊崇。因为“道”是宇宙自然和社会人生的根本规律，作为万物之灵的人类必须在顺应天道的基础上积极有为，因此，法家就逻辑推演出“法”的至高无上的意义。

正是在这个意义上，法家高扬法治的价值，主张无论是君主还是大臣，都必须严格守法，依法而行。

在中国古代，也有谨守法治思想的领导者，如汉文帝与张释之、汉光武帝与董宣、唐太宗与戴胄、宋仁宗与包拯等，他们对法律的尊崇带来了政治清明、社会公平正义。我们在这里仅以东汉时期强项令董宣为例说明。

东汉初年，京都洛阳城的一些皇亲国戚和公卿权贵依权仗势，多行不法，无人敢管。这时，原江夏郡太守董宣被调任为洛阳令。

董宣为官不畏权贵，严于执法。董宣上任不久，发生了湖阳公主的恶奴杀人案。湖阳公主是光武帝刘秀的姐姐，名叫刘黄。案发后，恶奴藏匿在公主府中。一日，董宣接报，那个犯罪的恶奴陪公主出城游玩，董宣率人抓捕杀人恶奴并就地正法。

湖阳公主向光武帝哭诉，要求惩戒董宣，光武帝要将董宣处死。董宣说："陛下圣德中兴，而纵奴杀良人，又因臣诛奴而杀臣。臣死之后，陛下将何以理天下乎？臣不须箠，请得自杀！"董宣说完，撞向殿中大柱，血流满面。光武帝说："纵然恶奴该诛，但你冲撞了公主，快向公主叩头谢罪！"董宣执意不从，皇帝命令两个太监按着董宣的头，但董宣两手撑地，坚决不叩头。公主嘲讽光武帝说："文叔（刘秀的字）当年为布衣时，官吏尚且畏你三分，而今为天子，权威却不能行使到一个小小县令头上吗？"光武帝笑着说"天子与布衣不一样啊！"，然后对董宣说："你的脖子好硬啊！好一个强项令！"随后，赏给董宣三十万枚铜钱，以表彰他刚正不阿的执法精神。董宣后来把这笔钱散发给县府的吏员们。

自此以后，京城传颂一首歌谣，其中有"枹鼓不鸣董少平"，意思是说，董宣执法秉正，以至于县府前再也没有百姓来鸣冤了。董宣做了五年洛阳令，病卒于任上，死后家中除了数斗大麦和一辆破马车外，什么都没有。光武帝听说后感伤道："董宣如此廉洁，今日朕才真正知晓啊！"

从现代管理学角度看，法家思想最具现代价值和管理启示意义的是其关于法律方面的论述和实践，这一思想对于建设现代法律制度、创造有中国特色的管理思想有着现实意义。

2. 术是管理手段和技术

术首先是指“循名责实”的用人制度、考核制度、赏罚制度。《韩非子·定法》中说：“术者，因任而授官，循名而责实，操杀生之柄，课群臣之能者也。此人主之所执也。”

术其次是指应用法律、制度进行行政管理的技术、手段、途径、措施等。《韩非子·二柄》中说：“明主之所导制其臣者，二柄而已矣。二柄者，刑德也。杀戮之谓刑，庆赏之谓德。”韩非子认为，杰出的领导者在激励和约束下属时有两种手段，一是奖励，二是惩戒。不管是奖励还是惩戒，都应该依照制度进行。

在中国历史上，凡是国家治理得当的时期，一定是制度化管理得到充分实现的时期，如文景之治、贞观之治。

法家所说的“术”，内容包括任免、考核、赏罚各级官员的手段以及维护君主的权力，即所谓刑名之术、察奸之术等。在法家思想家看来，“术”是一个组织的最高领导人要熟练掌握的管理技能，目的是使组织得以顺畅运行。

我们以齐威王为例来说明。齐威王对即墨大夫说：“自从你治理即墨，诋毁诽谤你的言论我经常能够听到，可是我派人到即墨视察，却看到田野得到开发，百姓生活富足，官府没有积压的公事，齐国的东方安宁平和。这是由于你不会逢迎我的左右以求得赞扬的缘故。”于是，齐威王对即墨大夫进行褒奖，赐给他食邑一万户。齐威王对阿城大夫说：“自从你治理阿城，赞扬你的话我每天能够听到，可是我派人到阿城视察，却看到田野荒废，百姓生活贫苦。从前赵军进攻鄄城，你未能救援，卫国夺取薛陵，你也不知道，这是由于你用财物贿赂我的左右来求得赞扬吧！”于是，齐威王当场把阿城大夫杀了，并把左右曾经吹捧他的人一同杀掉了。这引起了全国的震惊，所有人都不敢文过饰非，努力表现自己的忠诚，齐国因此大治。从此以后，直到齐威王去世的20多年间，各诸侯国没有哪个敢对齐国用兵。

在法家思想中，“术”尽管是领导者所掌控的管理手段和技能，但这些手段、技能的实施必须秉持公平公正原则，必须实现社会正义。

3. 势是领导的威势、权威、权势

明朝的《官箴》有言：“吏不畏吾严，而畏吾廉；民不服吾能，而服吾公。公则民不敢慢，廉则吏不敢欺。公生明，廉生威。”这段话强调的是，领导在进行制度化管理时，只有清廉公正，才能够获得下属的敬畏，才能获得权威。

《三国演义》中，诸葛亮在第一次北伐时，令马谡据守战略要地街亭。马谡是诸葛亮很看好的后备人才，在出发前诸葛亮再三叮嘱他一定要据城固守，切断曹魏将领张郃对陇西的增援。但马谡到街亭后不按诸葛亮计划行事，而是舍弃水源和城镇，选择登上南山据守，最终被张郃击败。

马谡和诸葛亮在刘备的管理团队中都属于荆州人士，马谡的哥哥马良在夷陵之战中丧生，诸葛亮转而重点培养马谡。在十多年时间里，马谡从一个低微的“从事”起家，到36岁时已经做到越隽太守。诸葛亮任命其为蜀军前锋据守街亭，实际上是给了马谡又一次重大历练机会。他只要守住街亭，就有了从基层到高层的领导经历，也有了能文能武的资历，未来可期。

因此，马谡失街亭后，最揪心的是诸葛亮。马谡失街亭，意味着诸葛亮选人用人存在明显瑕疵，如果再继续袒护，诸葛亮在蜀汉的声望、地位都会受到影响。因此，当蒋琬以人才难得的理由为马谡说情时，诸葛亮回答说，孙武之所以成为兵圣，就是因为实施严明的军法。最终，诸葛亮挥泪斩马谡，维护了蜀汉领导的权威。

二、改革思想

法家的改革思想是“周虽旧邦，其命维新”的体现。

法家的改革思想来源之一是道家。齐国的始祖姜太公面对全新的自然、社会条件，不是将周朝的思想文化简单粗暴地强加于齐国，而是因地制宜地形成顺应当地自然条件和民情、顺应经济规律的发展路径。在姜太公的施政纲领中，农业、渔盐之业和商业都是增加民众和国家财富的手段，它们具有同样重要的作用。在中国数千年的重农轻商的传统中，姜太公的施政原则毫无疑问具有创新意味。这种创新精神被后来的管仲以及田齐成功地继承下来，使得春秋战国时期齐国一直都是政治、经济、文化高度发达的诸侯国。到战国时期，齐国首都集聚了当时一批一流学者，形成了法家的齐国版本——稷下学派，《管子》是其代表著作。

如果说齐国法家的改革思想是齐国自发创新的结果，那么三晋法家的创新变法思想则是顶层设计的结果。

冯友兰先生在《中国哲学史新编》中认为，三晋地区包括由原晋国分化出来的韩、赵、魏三国及郑、卫两个小国。在这些国家里，出现了三晋法家的代表人物：公孙鞅出于卫国，申不害出自郑国，李悝在魏国变法并著有《法经》，慎到在赵国，韩非子在韩国。

法家思想在三晋地区的起源可追溯到晋国的开国始祖唐叔虞，他遵循的“启以夏政，疆以戎索”的治国原则，开启了三晋法家的先声，而这一原则正是基于因地制宜、创新变法的改革精神。

唐叔虞是周武王姬发之子，周公姬旦的侄子，周成王姬诵的同母弟，姜太公是他的外祖父。当初唐叔虞被分封到唐（现山西南部，叔虞之子燮即位后改为晋）时，周朝在《唐诰》中给唐叔虞的指示就是“启以夏政，疆以戎索”。这一指示的背景是：唐是夏的故地，有不少夏朝的遗民，同时在这一地区还有戎狄民众。根据这样一个基本国情，周朝给出的解决方案是：不能简单地套用周朝的礼乐制度，而要通过使用夏朝的政治制度来适应当地民情，管理民众，同时，运用戎人的管理制度来治理边疆地区。因此从一开始，唐叔虞所建立的治国传统就带有鲜明的因地制宜、创新变革的特点，这与鲁国严格按照周朝礼乐制度进行国家治理的路径是有很大不同的。

晋国的“启以夏政，疆以戎索”的国策是全方位的，包括与当地部族通婚，学习吸收其治理方式、制度，这样就形成了晋文化注重功利、因地制宜、与时俱进、不断变法的治国特点。也正因如此，晋国第22任国君晋文公（前636—前628年在位）成为“春秋五霸”之一，而且开创了此后晋国在诸侯国中大约百年的强势地位。

出身于晋国的子夏作为“孔门十哲”之一，在孔子去世后来到三家分晋之后的魏国，做了魏文侯的老师，创立了西河学派，他的学生中就有后人公认的法家代表人物李悝、吴起。因此，子夏被学界认为是由儒家到法家的关键人物。

儒家中另一个培养了法家大师的人物是荀子，他也是三晋人士。荀子是赵国人，其祖上是晋国贵族荀息，被封于荀国故地，以地为氏。荀子的学生有大名鼎鼎的李斯和韩非子。无独有偶，荀子和子夏都是《易经》专家。刘向《孙卿书录》称荀子“善为易”，郭沫若《〈周易〉之制作时代》、黄沛荣《周易彖象义理探微》等都认为，《易传》部分内容的思想倾向与荀子学说存在关联，而《荀子·大略》中有“善为易者不占”之语。《易经》自古就有“变经”的说法，但变与不变又是统一的，天道运行的规律就是“唯变所适”。可以说，三晋法家思想实则来源于三晋文化中自始至终的创新变革思想。

三家分晋后，韩、魏、赵处于七国纷争的中心位置，竞争之激烈、博弈之残酷无出其右。注重功利、强调实用、追求立竿见影的法家思想完全成熟。

但三晋法家最成功的实践，并不是在上述诸侯国，而是在秦国，商鞅变法就是典型案例。

之所以是秦国而不是其他六国选择了法家，是因为秦国地处偏远，文化落后，经济不振，而其他六国中：齐国是繁荣富强的国家；楚国则以版图辽阔著称，经济文化也有实力；其余四国虽然不能和齐、楚相比，但文化自信还是有的。

秦国的祖先嬴姓部族原本是居住在山东的东夷民族，因为在武王伐纣灭商后反叛周王朝，被迁到今甘肃天水甘谷一带，为周天子牧马、戍防戎人。由于天水一带是戎狄区域，嬴姓部族面临着生死存亡的严峻考验。他们依靠勇猛无畏的战斗精神，在戎狄环绕的环境中打出了一片天地。后来秦国的领导者因护送平王东迁有功，由西垂大夫升格为诸侯，秦将原来周天子在陕西的地盘收归名下，在战国时代终于成为“七雄”之一。

但即使如此，到秦孝公时，秦国也只是以善战著称，其经济、文化等综合实力与齐、楚这些传统强国相比仍有相当大的距离，魏、韩、赵、燕都是中原文明之国，文化积淀也比秦国深厚。

正是在这种极端不利的环境中，自西迁以来的血性抗争基因在此时升级为变法强国、统一天下的志向。在很大程度上，秦国的变法有着“倒逼”的色彩：因为落后，所以要进行跨越式发展；因为要跨越式发展，所以要采用最具有开拓创新精神、最能提高发展效率的法家思想。

秦国变法的典型案例就是商鞅变法。商鞅本是卫国人，卫国国君的后裔，姬姓公孙氏，故又称卫鞅、公孙鞅，后因在河西之战中立功获封商于十五邑，号为商君，故称商鞅。商鞅是中国历史上著名的改革家，中国人只要一说到改革，头脑中第一个蹦出来的名字一定是商鞅。其实，在商鞅变法之前，李悝在魏国、吴起在楚国已经实施了卓有成效的改革，而吴起和商鞅一样，也是因为变法触动贵族利益被杀。

商鞅的价值在于，他充分吸收李悝、吴起的经验并加以完善，在秦国进行了较为彻底的改革，奠定了秦国统一中国的基础。商鞅变法对中国社会形态产生了巨大而深远的影响，一直到现在。

三、讲求实效，注重勤政

法家思想十分重视政策措施的针对性，从法家雏形时代的管仲、晋文公的改革，到法家成熟期的商鞅变法，一直到后世的张居正改革、雍正的改革，都贯穿着问题导向、讲究实效的线索。

与讲求实效相配合的是注重勤政。在这方面，雍正可以说是古代帝王中的楷模。据史料记载，雍正登基后，在最初的几年时间里，他每天早上大概 5 点开始处理政务，傍晚开始阅读处理奏章直到午夜，他一年到头基本上只休息冬至、除夕与生日三天。雍正在位 13 年，清史专家研究表明，他亲手处理各种奏章逾 19 万件，朱批达 1000 多万字。这种工作节奏，他的臣属必须有足够好的精力才能跟上。张廷玉之所以在雍正朝达到其仕途巅峰，其中一个原因就是他同样是一个勤政的人。

雍正初年，清廷在西北与蒙古准噶尔部决战。由于当时军情变化莫测，雍正亲自坐镇指挥，频繁指授方略，而张廷玉从早到晚一直陪侍，有时甚至到半夜。在这期间，张廷玉每天批阅的文件往往达到数百件，雍正称赞他说：“尔一日所办，在他人十日不能及也。”

四、传统法家领导力案例：晋文公及其团队

中国历史上典型的法家人物往往都有专制独裁、过度使用权术、刻

薄寡恩的弊端，这些弊端即使在当时都是为人所诟病的，在现代社会中更是需要批判的。同时，典型的法家管理方法往往导致底层官员和民众压力过大、利益受损，一味使用法家手段很容易导致社会反弹，秦至二世而亡就是典型案例。因此，我们这里要介绍的传统法家领导力案例，是非典型法家案例——晋文公及其团队。

晋文公及其团队一般来说不被归为法家范畴，但我们上面关于法家改革思想的讨论已经说得很清楚，晋文化本身就有注重功利、因地制宜、与时俱进、不断变法的特点，而这正是法家的特点。因此，我们可以说晋文公及其团队的领导智慧与实践，没有法家之名，但有法家之实。同时，在晋文公时代，由于周朝的礼乐制度还没有崩坏到不可收拾的地步，因此，晋文公及其团队在进行政治、军事活动时，既有注重功利、因地制宜、与时俱进、不断变法的法家一面，也有注意协调君臣关系、注意统治者与被统治者的不同利益关系的符合儒家仁礼思想的一面。

因此，晋文公及其团队的领导实践，实际上是以一种中和的方式，将儒、道、法的优势做了有机融合，由此产生卓越的竞争力，开创了晋国长达百年的霸业，晋文公因此被司马迁称为“古所谓明君”，与齐桓公并称“齐桓晋文”或“桓文”。

晋文公在领导力方面最重要的成就，就是能够打造一个上下齐心、能创造性解决难题的领导团队。在晋文公被迫流亡的 19 年时间里，核心团队成员一直紧紧团结在他周围，不离不弃；而最终继承大位后，还是这批精英帮助他建立了不朽功业。晋文公与其团队真正做到了君臣相得、相互成就。仅凭这一点，晋文公的领导力就值得我们两千多年后的现代人深思、挖掘。

从晋文公原本的身份地位和志向来看，他继位为晋国国君的可能性极低。晋国当时已有太子申生，按照正常继位规则，重耳是没有继位希望的。申生被骊姬害死后，重耳和夷吾又遭骊姬追杀，重耳由此开始了长达 19 年的流亡。在流亡各国时期，重耳在狄国和齐国停留的时间较长，其中在狄国 12 年，在齐国 5 年。晋国继位者奚齐及其母骊姬被杀后，晋国卿大夫里克打算迎立重耳。重耳在狐偃的劝谏下，拒绝了这一提议。里克转而迎立夷吾，这就是晋惠公。晋惠公担心重耳与其争位，再次派人追杀重耳，重耳被迫流亡到齐国。正是在齐国，重耳的雄心壮志已经消磨得差不多了。如果不是他在齐国的妻子与狐偃、赵衰的合谋，重耳本打算在齐国悠游终老的。

但就是这么一个本来与继位无缘的贵介公子，却在流亡期间形成了他的核心团队，而这一团队恰恰具备创造性解决难题的能力，这才使得在时机完全成熟后重耳能够成为晋国国君。更令人叹服的是，晋文公在位仅 9 年，就奠定了春秋时期晋国百年霸业的基础。

可以说，晋文公与其团队是不可分割的有机体。没有晋文公，团队就没有领袖人物，就没有旗帜，没有号召力，就无法实现团队的能力。而没有狐偃、赵衰等团队成员，晋文公很可能就悠游终老、平庸一生。

重耳自幼好学尊贤，十几岁时就已经将狐偃、先轸、赵衰、贾佗、魏犨等晋国一流人才聚集在身边，而这些人既是重耳流亡期间最忠实的追随者，也是晋文公当政后的核心人员，他们之所以对重耳如此忠诚，或许是看到了重耳成为晋国领导者的潜在实力。实际上，领导者的六种重要能力——价值观引领力、学习力、战略决策力、组织力、创新变革力、执行力，年轻的重耳都已有萌芽。对于狐偃等一流人才而言，他们需要择良木而栖，就像现代的一流职业经理人需要找到一位杰出领导创办的一流公司任职一样。晋国自曲沃武公以晋国小宗取代大宗以后，并不严格遵循嫡长子继位的规则，这就是重耳从一开始就好学尊贤、注重养士的原因之一。事实上，晋文公和他的团队在很早的时候就十分默契，这种默契发展到了骊姬乱晋、重耳与夷吾流亡后，重耳的继位之路开始进入漫长而坚实的推进过程。

正是在 19 年流亡过程中，重耳及其团队经过各种变故、灾难的考验，也经受住了权力、舒适生活等的诱惑，他们共同应对，彼此成就，最终重耳顺利继位，并在即位后短短几年内成为“春秋五霸”之一。

因此，晋文公的领导力与其团队的贡献是不可分割的，下面的分析都是基于这一基本判断来展开的。

1. 价值观引领力

晋文公所在的时代属于春秋中期，虽然已经礼崩乐坏，但各诸侯国仍然尊奉周天子为天下共主，因此尊王攘夷、坚守信义、尊贤选能、施惠下属及百姓仍然是时人最看重的领导者素质。和重耳一样流亡国外，后来先行回国继位的夷吾，之所以最终人亡政息，没有尊奉上述价值观是重要原因。

比如在坚守信义方面，在城濮之战中，在与楚国军队决战时，晋文公就以退避三舍践行了当初流亡到楚国时对楚成王的承诺。在攻打原这一地方时，晋国为了树立讲信义的声誉，公开宣布，攻打原只打三天。三天后，尽管晋军的态势很好，只要继续攻打一两天即可攻下，但晋文公仍然下令撤军。由于坚持信义，原地百姓主动献城归附晋国。

晋文公及其团队的价值观引领力在《左传》的这段描述中得到了充分体现：

晋侯始入而教其民，二年，欲用之。子犯曰：“民未知义，未安其居。”于是乎出定襄王，入务利民，民怀生矣。将用之。子犯曰：“民未知信，未宣其用。”于是乎伐原以示之信。民易资者，不求丰焉，明征其辞。公曰：“可矣乎？”子犯曰：“民未知礼，未生其共。”于是乎大蒐以示之礼，作执秩以正其官。民听不惑，而后用之。出谷戍，释宋围，一战而霸，文之教也。

这段描述讲的就是晋文公继位后，通过义、信、礼这些价值观的引领力，使得晋国上下同心，在关键的城濮之战中一战而霸，奠定了此后晋国百年霸业的基础。

但在这里我们需要强调的是，在《左传》的这段描述中，我们可以看到，价值观引领并不是空洞的灌输和说教，而是将价值观的精神性的方面和与价值观相联系的实际利益有机结合起来，让各个阶层的人，从普通百姓到各级官员，都在他们的生活、工作中切身体会到晋文公所提倡的价值观给他们带来了好处，带来了利益，这时，价值观引领力才真正发挥巨大作用。

具体来说：对于普通百姓，晋文公做到了“入务利民，民怀生矣”，通过减轻赋税、救济贫苦，让百姓获得了实际利益；对于官员，则是“大蒐以示之礼，作执秩以正其官”，也就是通过改革，正式确定晋国的三军六卿制度，使德才兼备的人获得了崭露头角的机会，这样自然提高了凝聚力和战斗力。

2. 学习力

领导者的学习力包括认识人性、认识自己、超越自我。晋文公及其团队从流亡开始，就不断学习，不断认识人性、认识自己、超越自我。在这方面，晋文公表现得最好，因此，重耳死后，其谥号为“文公”。

在《论语·公冶长》中，子贡问孔子：“孔文子何以谓之‘文’

也？”孔子回答说：“敏而好学，不耻下问，是以谓之‘文’也。”重耳从一个贵介公子成长为一代明君，靠的就是不断学习，不断自我超越。

在晋文公流亡时期和继位后的重大决策中，我们可以看到狐偃、赵衰等人的意见被晋文公接受。这一过程既是晋文公及其团队的决策过程，也是重耳在政治上由稚嫩走向成熟圆融的过程。

公元前651年晋献公去世，公子奚齐继位。一直支持太子申生的晋国卿大夫里克、丕郑父等人杀死奚齐及其母骊姬，并派狐偃之兄狐毛到狄国，打算拥立公子重耳为晋国国君。

面对这种诱惑，重耳拒绝了。这绝不仅仅是重耳个人的决策，更是狐偃、赵衰等人的意见。以狐偃之老成缜密、赵衰之敏锐机智，他们已经看出当时继位晋国国君绝非合适之举。当时重耳的父亲刚去世不久，而继位的奚齐刚被杀，此时回国继位，按照传统的孝道多少有些不妥。同时，里克、丕郑父是原太子一系的人物，而国外还有夷吾在虎视眈眈。此外，当时的晋国还比较弱小，西边有秦，东边有齐，都要应对好。因此，重耳此时回国继位，将面临诸多不利。重耳的回答是：“违背父亲的命令逃出晋国，父亲逝世后又不能按儿子的礼仪办理丧事，我怎么敢回国即位，请大夫改立别人吧。”这话说得得体，显示出王者应有的风范，为重耳的声誉树立了一个标杆。正是因为在流亡中的每次重大抉择重耳都能应对得当，他后来在诸侯国中获得了普遍认同，尤其是获得楚国和秦国的关键性帮助。

3. 战略决策力

晋文公继位后很快打开局面，晋国成为当时各诸侯国中的领军之国，这与晋文公及其团队善于抓住机遇，确定并实施正确的国家战略有关。

当时，晋国要想继齐桓公之后成为春秋之霸，就必须获得周天子和诸侯国的共同认可。而当时在周天子直属领地、秦国、晋国、燕国等地都有为数不少的戎狄民族，而南方的楚国也被认为是蛮夷之国，周天子和北方各诸侯国都受到这些民族的侵扰。因此，尊王攘夷是当时最重要的旗帜，也是成就春秋霸业的必然途径。

晋文公继位后，机会来了。公元前636年，周襄王胞弟王子带盗嫂事发，王子带联合狄人攻周，大败周军。周襄王逃到郑国的汜，向诸侯求救。公元前635年春，秦穆公屯兵于黄河岸边，准备勤王。在这个关键时刻，赵衰力主晋国赶在秦国之前护送周天子回京，争取战略上的主动。晋文公听取了这一建议，晋军护送周襄王回到了周都洛邑，杀死了王子带，建立了勤王业绩。周襄王感动之余，将王畿的阳樊、温、原、攒茅等南阳八邑赐给晋国，晋国由此获得了挺进中原、争霸天下的桥头堡。

在晋文公建立霸业的过程中，城濮之战是个关键。

城濮之战的起因是崛起的楚国要北上称霸中原，已经征服了曹国，与卫国联了姻，正在攻打宋国，宋国向晋国求救。

对于晋国来说，宋国在晋文公流亡中曾经对晋文公有恩，理应救助，而且楚国的北上争霸与晋国的南下争霸是针锋相对的。因此，通过救助宋国建立起晋国在诸侯国中的威信，是晋国霸业的重要一步。但是，晋文公流亡时也曾获得楚国的帮助，这是晋文公需要妥当处理的。同时，秦、齐是当时诸侯国中的大国，分别在晋国的东西两边，处理好与这两个国家的关系，也是晋国必须考虑的。

由以上分析我们可以看到，这一事件表面上仅仅是楚国侵略宋国，宋国求救于晋国，实则关系到天下大势，关系到晋国能否成功建立霸业。因此，这是晋文公霸业的关键一步。

也正因如此，在《左传》一千多字的城濮之战的描述中，真正描述战争场面的仅有百余字，而大部分篇幅用于描述晋国君臣对战争形势的讨论、对各国关系的分析、做出决策并实施的过程。城濮之战真正体现了《孙子兵法》的战略原则——“兵者，国之大事，死生之地，存亡之道”，它是在《孙子兵法》诞生之前已经娴熟地运用兵家战略原则指导战争的成功范例。

在这一过程中，先轸、狐偃起到了关键作用。先轸正确分析了战争的性质：出兵救宋，既是报答宋国当年的恩情，也是晋国树立威信、建立霸业的关键；当然，抗击北方诸国心目中的荆蛮楚国也符合尊王攘夷的思想。根据这一基本判断，狐偃思考战争的具体策略，以处理上述各种复杂关系，用最低的代价、最圆融的方式方法来解决难题。他的策略是：通过攻打楚国的附庸曹、卫，迫使楚国救助曹、卫，这样自然就救助了宋国；同时，为了将中立的秦国和同为大国的齐国拉到晋宋这一阵营，授意宋国与秦、齐开展穿梭外交，并送上大礼，成功地建立了北方对楚联盟。实施这一策略还有一个客观原因，曹、卫在宋国之北，在晋、宋之间，晋国如果要救宋，就必须解决曹、卫问题，而曹、卫正是在重耳流亡时对他无礼的国家。

这一策略，我们在两千多年之后再来审视，依然发现其思维之缜密、实施方案针对性之强。因此，当这一策略实施后，楚成王马上告诫楚国将军子玉班师回朝。楚成王的理由是，晋文公经历了 19 年流亡生涯，拥有很高的政治智慧，楚军与之争锋，不会有好结果。但子玉来自在楚国很有权势的若敖氏，坚持与晋军决一雌雄，楚成王也只好应允。但战争结果确实如楚成王所料。

4. 组织力

组织力就是领导人培养干部的能力和带领团队的能力。这一点，晋文公本人做得好，他的团队也做得好。

晋文公还只是一个公子时，就注意和贤能之士交往。史籍记载，他身边除了前面讲的以狐偃为首的“五贤”之外，还有不知名的人士数十人。

晋文公的组织力体现在其开阔的政治胸襟和卓越的政治智慧上，这为此后晋国保持百年霸业优势奠定了基础。晋文公在组织力方面的政治胸襟和政治智慧在下面这个关键时刻的突发事件的成功应对中体现得淋漓尽致。

就在重耳即将回归晋国继位为晋国国君时，在黄河边，重耳的舅舅、重耳团队的“首席智囊”狐偃说:“我跟随您周游天下，有太多的过错，我自己都知道，我请求现在离去。”毫无疑问，狐偃在试探重耳，也是要给整个团队争取一个未来职业生涯的保证。以晋国以往纷乱的争斗，以春秋时期的礼崩乐坏，如果重耳像后来的越王勾践那样“只能同苦不能共甘”，思维缜密的狐偃宁可现在离开。智商和情商都卓越的重耳马上听懂了，他说:“如果回到晋国后，我不和您同心，请河伯做证！”重耳把璧玉扔到黄河中，与狐偃盟誓。以狐偃为首的核心团队留住了。

但重耳继位为晋文公后，面对的是由不同派系、不同利益团体构成的复杂格局，他必须将来源不同、利益诉求不同、个性不同、操守不同的精英通过合适的方式凝聚成团结、高效的团队。这是重耳升级为晋文公后必须解决的问题。

晋文公继位后，实行了以“尚贤使能”“论功行赏”为原则的干部选拔制度，使得晋国的优秀人才脱颖而出，而且优秀人才能够被安排在最合适、最能发挥各自优势的位置上。这就不是晋文公一个人的作用，而要基于整个团队的共识，这也是晋文公时期晋国组织力超越其他诸侯国的原因。

我们来看《史记·晋世家》中对晋文公“论功行赏”原则的记载：

“夫导我以仁义，防我以德惠，此受上赏；辅我以行，卒以成立，此受次赏；矢石之难，汗马之劳，此复受次赏。若以力事我而无补吾缺者，此受次赏。”

在这个原则里，价值观被列为首位，政治、军事等方面的功绩被列为二、三等。这是典型的德才兼备、以德为先的领导干部选拔任用原则，这样的原则既会得到重耳流亡团队的认同，也会得到其他利益群体的认同。由此，晋文公夯实并拓展了他的政治基础。

我们再来看在这种原则下晋文公核心团队的凝聚力、组织力。

晋文公继位后，狐偃和赵衰是主持朝政的核心人物。二人中，狐偃主导，赵衰辅佐。晋文公之所以确定这两个人作为朝政改革的主脑，是因为他们俩在流亡期间相互谦让、默契配合。

在晋文公回国继位中起到关键作用的是秦穆公。当时，秦穆公有意支持重耳回国继位，为了确认重耳能在继位后回报秦国，秦穆公设宴款待重耳。这次宴会表面上看是一次普通宴请，实际上是秦国与未来的晋国国君之间的一次外交谈判。狐偃深知此次宴会的重要性，因此他力荐反应机敏、善于处理复杂关系的赵衰陪同。而赵衰不负期望，在整个谈判过程中的几个关键时刻都协助晋文公圆满应对，最终获得了秦国支持。

在晋文公时期组织力打造上，狐偃和赵衰的相互信任、默契配合起到了关键作用。而这一时期晋国领导团队的团结高效，赵衰在人才选拔任用上的高超智慧功莫大焉。

公元前633年，晋文公建立三军，征求赵衰的用人意见，赵衰推举郤縠为中军元帅，说他爱好礼乐，熟读诗书，推荐栾枝、先轸和胥臣，说栾枝公正审慎，先轸足智多谋，胥臣博学多闻，还推荐了狐偃，说护送周王、伐原三日退军、大阅兵这三项德行都是狐偃的主意。狐偃则推荐了他的兄长狐毛。晋文公本想让赵衰也进入三军领导行列，赵衰多次推辞。最终形成的三军六卿的第一套班子如下：中军将为郤縠，中军佐为郤溱；上军将为狐毛，上军佐为狐偃；下军将为栾枝，下军佐为先轸。

在这套班子里：郤縠、郤溱是晋国公族，虽未追随晋文公流亡，但在晋文公回国继位时是全力支持者；狐毛、狐偃则是晋文公的舅舅，其中狐偃是流亡期间的“首席智囊”；栾枝、先轸为晋国公族远亲，其中栾枝和郤縠一样，晋文公回国继位时全力支持，先轸则是重耳流亡时期“五贤”之一。

赵衰作为本次人才选拔任用工作的核心人物，将自己放在备选名单之外，而将工作聚焦于高水平德才兼备人才的选拔上。在后来的选拔任用中，赵衰又多次婉拒晋文公的任用提议，获得了晋国君臣的普遍认同，为晋国打造高质量组织力奠定了坚实基础。因此晋文公说：“夫赵衰三让不失义。让，推贤也；义，广德也。德广贤至，又何患矣？”

值得一说的是，赵衰在晋文公时期第一套三军六卿班底的选拔任用中之所以谦抑不争，除了品格高尚之外，还因为其过人的政治智慧、对国内外形势的准确判断。赵衰虽是流亡时期“五贤”之一，而且才华、谋略过人，但从血缘、亲缘关系看，重耳流亡班底中的其他人，以及留在晋国国内的郤縠、郤溱、狐毛、栾枝等人，都比赵衰与晋文公有着更亲密的关系（赵衰源于嬴姓赵氏，其祖先是周朝大臣叔带，周幽王时，叔带离开周朝来到晋国，开始了赵氏在晋国的发展）。而且在长期的激烈竞争中，晋国在政治、外交、军事等方面都不缺人才。为晋文公组织第一套三军六卿班底，将自己和家人排除在外，事实上为赵氏树立了以德为先、谦抑不争的良好声誉，为后来赵氏家族在晋国的全面崛起奠定了坚实的基础。

由于赵衰的过人品德及智慧，公元前 629 年，晋文公在清原阅兵，设立新上军、新下军，使赵衰将新下军，赵衰自此正式进入六卿行列。公元前 628 年，狐偃去世，赵衰被提拔，代替狐偃佐上军，排名到了第四。

从公元前 633 年晋文公设立三军六卿起，到公元前 453 年晋阳之战，共 180 年时间，晋国六卿制度由 11 个家族轮番当政，狐氏、先氏、郤氏、胥氏等都是二三世之后消亡，只有赵氏基业长青，直到三家分晋。

5. 创新变革力

“春秋五霸”中名列前茅的是齐桓公和晋文公，他们取得霸主功业都离不开创新变革。而齐桓公和晋文公的创新变革都与早期法家思想有关，前者是法家的早期形式管仲学说，而后者是三晋法家的早期实践。

晋文公继位时面临的形势是：在内政上有着不同的利益集团和政治群体，在长期纷争之下，晋国国力不足；在国际上，原先的春秋霸主齐国在齐桓公去世后雄风不再，而秦、楚二国野心勃勃，争当新霸主。晋国要想与秦、楚相争，就必须根据社会经济的新形势，进行积极主动的创新变革，打造晋国核心竞争力。晋文公的创新变革主要体现在经济领域和政治军事领域。

在经济领域，曲沃代翼数十年的纷争导致晋国社会结构被打散，贡赋制度也在一定程度上遭受重创。晋文公的前任晋惠公为了解决晋国财政困难，实行“作爰田”改革，这是晋国第一次对公田进行改革。到晋文公继位时，晋国财政状况依然不佳。为了激发社会各阶层的积极性，尤其是晋国各级贵族和官员的积极性，晋文公除了延续“作爰田”改革外，还对晋国国君直接掌控的公田进行进一步改革，也就是将公田赐给有功的贵族，但也将贵族的贡赋制度化、强制化。

在中国传统社会中，土地是最重要、最稀缺的经济资源，晋文公的改革使得晋国君主与各级贵族及普通百姓之间形成了既相互依赖又相互制约的关系，晋文公要想获得充足的国家税赋，就必须实行公平公正的人才选拔和论功行赏制度，将晋国优秀人才选拔出来，并论功行赏。

在政治军事领域的改革，前文已经讨论了晋文公军事指挥系统的改革与人才选拔改革，效果很好。而从更高层面来看晋文公的政治军事领域改革，我们可以看到晋文公的周全思考。晋文公的三军，以中军为首，上军次之，下军再次之。晋文公以郤氏兄弟领中军，是考虑到他流亡期间留在晋国的政治势力。通过这样的安排，他妥善处理他的流亡团队与其他利益集团间的关系。军中由郤氏执掌大权，朝中则以执政大夫狐偃为首，而狐偃正是他流亡团队的“首席智囊”。这样的人事安排使得政权与军权既相互关联又相互制约，便于晋文公对国家政治军事活动进行有效控制。

晋文公改革措施的有效实施产生了两个效应：在内政上，各级官员效率提高；在对外方面，拥有良好经济基础和强劲政治军事优势的晋国建立起尊王攘夷霸业，也因此开拓了疆土，拥有新的赏赐资源。

6. 执行力

执行力与价值观引领、团队建设、制度建设有关，在这些方面，晋文公及其团队已经打下坚实基础。

晋文公及其团队的执行力在公元前632年的城濮之战中体现得淋漓尽致。前面我们已经讲到，城濮之战不仅是晋、楚两国的较量，也涉及晋国与秦、齐两个大国的关系，还涉及处理晋国与曹、卫、宋三个小国的关系问题。因此，这是一场外交、军事交织一体的错综复杂的综合国力比拼。晋国取得全面胜利，是晋国君臣、将帅与基层官兵上下同心的结果，而这正是综合实力的一种体现。

比如，在城濮之战中，当时的基层官兵对晋国退避三舍的做法不理解，上军副将狐偃亲自做这些官兵的思想工作，让这些官兵认识到晋军退避三舍是回报当年楚成王对晋文公的恩德，说明晋军在道义上没有瑕疵，并用“师直为壮，曲为老”的道理来统一军心、鼓舞士气。

在城濮之战取得完全胜利后，晋文公对狐偃、先轸等将帅论功行赏，也将在战争中渎职的祁瞒等人依照军法斩首，使晋国上下敬服。

第二节　现代案例研究：美的职业化制度建设和主动自我变革精神

在现代背景下，法家思想对现代领导力提升有着重要的借鉴、吸收、转化价值与潜力。法家思想的规范管理、精细化管理、创新改革思维、问题导向、讲求实效的特点，完全可以在现代管理中运用，成为现代领导力提升的养分。

但我们也要看到，成熟期的法家思想是围绕最高领导人设计的一种以人治为根本价值取向的思想，这种思想与现代社会注重人格与权益的平等、注重法治、注重人文关怀、注重价值观引领等价值取向是有距离的。这也就是我们在讨论古代法家领导力时没有选择成熟期的法家案例，而是选择春秋中期法家雏形期的晋文公及其团队为案例的原因了。

晋文公和他的团队的关系，非常类似现代社会中的企业家和企业家聘请的职业经理人团队，晋文公之所以能获得狐偃、赵衰、先轸等一流人才的衷心拥戴，是因为晋文公和他们在价值观、领导观念、职业生涯、利益等方面形成了良好的互动沟通关系，这种关系使得晋文公将晋国优秀人才的创新创造潜力充分激发出来，形成了晋国此后人才辈出的局面。这就是晋文公在位仅仅九年，却奠定晋国此后百余年春秋霸业的原因了。

因此，我们在吸收法家思想中积极因素的同时，要去除法家思想中不符合现代社会价值的成分，以打造出具有中国特色的现代领导力模式。

在这方面，我国重工制造业、汽车业、制药业、高科技产业、零售业等很多行业的企业领导者，都将法家的规范管理、精细化管理、创新改革思维、问题导向、讲求实效的特点与现代社会价值观有机结合，创造出了各有千秋的领导力模式。振华重工创始人管贤彤的领导力模式、中国零售业标杆胖东来的领导力模式、株洲制药企业千金药业的“千金经营法式”、汽车业“百家法人造福田”的领导力模式，都是其中的典型。限于篇幅，我们重点研究美的集团股份有限公司（简称美的集团或美的）职业化制度建设中的领导力模式。

美的作为中国家电业领军企业，它的发展成长过程在波澜壮阔的中国企业史上显得低调、平和得多，但发展节奏稳健，效率更高。

美的的起源可以追溯到1968年的广东顺德北滘街办塑料生产组，最初做塑料瓶盖，之后还做过五金制品与配件、汽车挂车刹车阀、汽车橡胶配件等产品。1980年开始做电风扇，由此进入家电业，1981年注册“美的”商标。在创始人何享健的带领下，美的成为我国第一家上市的乡镇企业，到2010年成为千亿级企业。2016年美的成功进入世界500强；2024年美的营收突破4000亿元，营收和增速位居中国家电企业第一阵营。

美的稳健业绩的取得，与其职业化制度建设和主动自我变革精神息息相关。在中国海量的民营企业里，真正对企业进行了职业化制度改造，并成功地将企业由家族内部人传承变为外部职业经理人团队传承的，到目前为止只有美的。职业化制度建设和主动自我变革精神，从文化基因来说，有法家思想的因素，同时大量吸收了现代企业管理的新理念和新方法。

一、通过职业化制度建设打造组织领导力

1. 美的职业化制度建设中何享健的关键作用

美的职业化制度建设的成功，首先要归因于美的创始人何享健的企业家胸襟、气度、格局。何享健文化水平并不高，和绝大多数那个年代的乡镇企业创始人一样，他只有初中文化水平，但其胸襟、视野、格局非凡。

美的的快速发展主要从1980年生产电风扇开始。在电风扇产品刚刚稳定下来的1985年，何享健又进入了有较高科技含量的空调行业。到20世纪90年代美的成为中国本土空调名牌，2018年，美的空调在国内全行业排名第二。

在美的发展的最初40年里，何享健和中国其他乡镇企业、民营企业的创始人一样，依靠个人的敏锐市场嗅觉、战略能力、经营管理能力，将一个草台班子打造成世界知名的一流家电企业，关于他在这方面的能力和业绩，我们不再赘述。我们要重点讨论的是，在美的经过最初的艰难生存期后，何享健已经开始思考美的永续经营、企业传承的问题。和大多数"创一代"不同的是，何享健在20世纪90年代末已经决定让美的通过职业化制度建设完成企业传承工作，实现永续经营。

何享健能做到这一点，与其性格低调、自我克制、务实，思想开放，勇于接受新思想、新事物，勇于自我否定、自我更新有关。

中国内地家电业的兴起与国际上的制造业转移有关。作为当时家电业转移的承载企业，要想在成千上万家同类企业中胜出，就必须在研

发、生产、销售及售后服务等每一个环节都精益求精。正是在这一过程中，何享健意识到了个人的局限性和家庭、家族人才的局限性。何享健认识到，一个企业要打造核心竞争力，一定不能仅仅依赖创始人个人的能力、魅力，而应当是创始人有意识地通过制度化的建设，打造出一种组织领导力，这样不管创始人在不在位，企业都能够按照已经形成的机制正常运转，接手这家企业的领导班子也能够延续这家企业的文化精神，不断创造辉煌。

在 1998 年前后，何享健通过职业化制度建设完成企业传承工作的思路基本成型，他从两方面着手稳健推进其实施：一方面，物色、培养他卸任后的接班人；另一方面，在美的实施事业部制，体系化地培养美的的职业经理人团队。

在美的的高管培养方面，何享健用心良苦。每一年或每半年，他会和公司高管团队的成员在办公室里进行“一对一”沟通。何享健会拿出几张即时贴，上面写满他观察到的团队成员的不足和纰漏。方洪波后来也讲到，何享健在和他沟通时，讲了他 16 个做得不够好、需要改进的地方。

2012 年，在何享健 70 岁时，美的被交到方洪波及其团队手中；十几年过去，美的在方洪波及其团队手中交出了不俗的答卷。

2. 美的职业化制度建设中方洪波的关键作用

在美的职业化制度建设中，方洪波的作用同样关键。方洪波 1987 年毕业于华东师范大学历史系，1992 年任美的内刊编辑，也为美的领导撰写各类材料，因文笔好担任了何享健的管理秘书，1995 年被提拔为美的广告公司经理。此后，方洪波以出色的业绩开始了他在美的的领导生涯：1996 年，方洪波担任美的市场部部长，负责全面的广告、营销和销售工作；1997 年，方洪波担任美的空调事业部国内营销公司总经理；2000 年，方洪波担任美的空调事业部总经理；2001 年，方洪波担任美的副总裁兼空调事业部总经理；2012年，何享健宣布正式退出美的管理岗位，方洪波接替何享健出任美的集团董事长。

我们说方洪波在美的职业化制度建设中和何享健一样起到了关键作用，是因为方洪波是何享健心目中几乎完美的接班人。从入职美的，到2012年接手美的集团董事长职务，方洪波经历了整整20年。这20年中，大部分时间里，方洪波是在何享健的观察、提拔、培养中不断成长的。从年龄上看，二人相差15岁，基本属于两代人；从文化水平和身份看，何享健是初中文化水平的草根创业者，方洪波则是名牌大学毕业的标准职业经理人。但两个人在企业经营管理理念、美的职业化制度建设、领导风格以及为人处世等方面有很多共识和相似处。更重要的是，方洪波的职场发展是和美的的职业化制度建设同步的，可以说，有方洪波这样的职业经理人出现，美的职业化制度建设才得以顺利推行。

1996年，随着美的规模越来越大，其所涉及的产品种类和型号也日益复杂，美的原来的管理、销售体制已经不再适应这种新的发展状况了。何享健在广泛研究日本、美国等发达国家企业经营管理制度后，决定采取事业部制。1997年，美的将其产业分为空调、风扇、电饭煲、小家电、电机5个独立的事业部，事业部采取产研销一体化经营管理，相当于完全独立运营的公司。就在这时，方洪波由美的市场部部长转任空调事业部国内营销公司总经理，这对于方洪波来说，既是机遇，也是考验，成与败，都取决于方洪波采取的举措及其结果。当时方洪波年仅30岁。

方洪波上任后，对美的空调的销售体系进行了全新再造，几乎是推倒重来。他向何享健建议把顺德本地市场代理龙头全部拿掉，重新发展优质客户。而这些要被拿掉的人中，绝大多数是何享健的多年故交，方洪波的这种改革所承受的压力可想而知。在向何享健汇报时，何享健说："做你认为正确的事情。"这种企业创始人与职业经理人之间相互信任与支持的事例，在何享健与方洪波共事的十几年时间里比比皆是。这种信任与支持，源于何享健对方洪波的了解，也源于方洪波对自己职业经理人身份的准确把握。

担任美的空调事业部国内营销公司总经理并取得良好业绩后，方洪波在后来的新任职务中都不断创造佳绩，为美的职业化制度建设做出了贡献。

3. 美的职业化制度之激励与压力

（1）事业部制的建立

事业部制最早起源于美国20世纪20年代中期的通用汽车公司。当时通用汽车公司并购了很多公司，企业规模急剧扩大，产品种类和经营项目增多，原来的管理体制已经无法适应新的形势。斯隆担任通用总裁后，在1924年以事业部制的形式完成了对原有组织的改造。事业部制的基本原则是根据产品或地区设立若干事业部，每一部门是一个核算单位，在经营管理上拥有自主性和独立性。事业部制最突出的特点是"集中决策，分散经营"，即公司集团决策，事业部独立经营。

何享健在20世纪90年代末以建立事业部制作为美的组织体制变革的目标，是因为美的的发展规模、产品种类与业务状况已经与当时美国通用汽车公司的情况很类似了。但更为重要的是，作为有创新意识和务实精神的企业家，何享健在事业部制的管理模式中看到了凝聚优秀人才的强大潜力，他希望通过事业部制在美的的成功落地，不断地培养职业经理人团队，实现美的基业长青、永续经营。

何享健曾经说过："中国人很有能力，表现欲也很强，他要有用武之地，而且又能得到利益，所以，应该想办法发挥每个人的潜能，同时，这种发挥又是在一定的游戏规则下进行的。”从这段话可以看出何享健以下几个方面的认识：

第一，深知中国人“宁为鸡头，不为凤尾”的企业家精神；

第二，要想让杰出人才心甘情愿为老板工作，必须给够资源、权力、利益，也就是必须对选拔出来的各级职业经理人进行授权、分权，还要实施激励措施；

第三，与授权、分权相对应的是对事业部及其职业经理人的监督控制制度的建立与实施。

何享健要做的是，通过事业部制的落地，建立起可以长期健康运行的企业运营体制、机制，使美的成为不断培养出优秀人才和优秀团队的一流企业。

（2）建立授权－分权制度

与推行事业部制相伴随的是美的的授权－分权制度。美的的分权制比较接近美国的GE分权制事业部体系，为了使各级职业经理人得到相应的权力和资源，美的专门制定了“分权手册”。

在企业运行中，人事权和财权是最核心的权力，这也是授权－分权制度中需要认真对待、谨慎操作的部分。通过分权，各事业部负责人获得了自行组阁、自行决定事业部内工资分配方案的权力，同时，他们也要承担经营失败的结果。在美的，这样的分权在职业经理人中又分为高层、中层、基层三个层面，每个层面的职业经理人有不同的分权范围和具体内容。这样一来，美的的整个干部队伍就成为一个创业团队，每一个职业经理人在某种程度上都是老板，都要为各自岗位的经营管理结果负责。在这样一种制度下，务实、创新成为美的的企业文化。

通过分权，美的打造了特有的组织领导力优势，而何享健的日常管理工作也得到了高度缩减，除了三位子集团总裁与几位事业部总经理之外，其他日常事务都由分管领导处理。在财权方面，5000 万元以下的投资他都不用亲自签字，按规定由相关领导自行决定。方洪波曾经从某跨国家电公司聘请了一位美籍专家，他定的年薪是 600 万元，这一薪酬虽然超过了很多事业部总经理的收入，但不需要何享健审批。

在美的，不仅高层、中层职业经理人有授权，基层员工也可以有。比如一个竞争对手刚实施降价措施，美的也会快速制定出相应的优惠价格。因为美的的“分权手册”规定，每个终端营销人员都具有一定范围的定价权。这样的分权制度使每一个美的领导和员工都有一种为自己工作的感觉。

授权－分权制度的实施使美的迅速做大，集团营业收入从 2000 年到 2011 年增长超过 12 倍。

（3）建立创造价值、分享价值的激励机制

与授权－分权相匹配的，就是经营责任与利益分配机制的同步实施了。美的有一个“5311”战略目标体系，包括五年战略规划、三年滚动规划、一年经营企划和月度经营目标分析。美的的五年规划每五年做一个；三年规划之所以叫滚动规划，是因为每一年都要基于五年战略规划的大方向，再结合当年的经营情况确定每一年的三年规划，这样就既符合五年规划的大方向，又根据变化了的形势做调整，以保证规划切合实际；一年经营企划就是本年度的经营计划和全面预算；月度经营目标分析就是每个月对各部门经营的分析和汇报，总结经验与不足，制定、更新、完善措施。

美的的“5311”战略目标体系，实际上就是对各级职业经理人创造价值、分享价值的责任、激励机制。美的与各经营单位签订为期 3 年的经营目标责任书，以契约的形式明确公司与各经营单位的权利、义务，各经营单位在享有各项权利的同时，承担经营责任，获得利益回报。

美的的“5311”战略目标体系还有一个特别之处是，将长期战略目标分解为中期目标，最终落实到年度目标，并且每月进行月度经营目标分析。在分析时，对各项经营指标完成情况进行分析，不仅要和月度的预算目标相比较，还要和以往同月份相比较。在此基础上制定目标考核奖惩办法，如果连续几个月不达标，总经理可能被免职，如果完成情况好，就会给予奖励。

美的的这一机制保证了美的的战略可以得到扎实有力的执行，也将压力和动力传递到了每一个职业经理人和每一个员工身上。

在这样一种机制中，每一个职业经理人的职务提升、薪酬上涨都根据他的经营业绩、管理效率来确定，形成了美的注重实效、重视效率的企业氛围。

除了职务提升、薪酬上涨这些传统方式，美的还有股权激励方式。1997 年何享健就开始探索在美的内部对高管实行股权激励。2006 年，美的发布股权激励方案，有将近 20 人进入激励名单；2014 年以后，美的继续实施股权激励计划，截至 2023 年 5 月，美的集团整体上市以来已推出 9 期股票期权激励计划、7 期限制性股票激励计划以及 14 期全球 / 事业合伙人持股计划。股票期权激励计划针对的是基层业务技术骨干，在四种激励计划中是激励人数最多的，它从 2014 年的 693 人增长至 2022 年的 2849 人。这些激励计划构成了美的股权激励体系，覆盖了美的集团、经营单位、事业部及各部门的核心骨干，不同方案的激励对象和激励目的各有侧重。

（4）建立人才培养体系

美的职业化制度的成功建立离不开对人才的发现、培养，美的的组织领导力形成正是因为把优秀的人才安排到合适的岗位，从而打造出了核心竞争力。

何享健一直说他很幸运地发现并培养了方洪波，实际上，方洪波的成长是美的良好的人才培养体系的一个典型案例。

1997年，美的空调业务市占率降到全国第七，在危急关头，何享健提拔方洪波为空调事业部国内公司总经理。30岁的方洪波把原销售团队几乎全部解散，另行组织大学毕业生销售团队，他先后招收了19批，每批15人。方洪波亲自面试，亲自培训，带出了一支高素质、高水平的营销团队。一年后，美的空调销量从43万台上升到98万台。

从这以后，美的的人才培养形成了规范科学的体系。入职培训、晋升培训等为常规培训，有成长潜力的中高层人员还可能被安排到各高校进行EMBA进修，为高层管理储备人才。

美的之所以能够人才辈出，除了上述的人才培养体系外，何享健带头形成的对优秀人才充分信任、支持的宽松氛围和企业文化也是不可缺少的因素。原美的集团董事、副总裁朱凤涛在2002年就任微波炉事业部总经理的经历可以体现这一点。

当时，格兰仕微波炉独步天下，其全球市占率高达50%左右，国内市占率高达70%左右，此外还有三星、松下、LG、惠而浦等国际品牌。朱凤涛就任美的微波炉事业部总经理后，从产业经营的高度布局，在国内外市场的渠道建设、研发团队能力提升、微波炉核心零部件水平提升等方面发力，目标是全面掌控产业核心技术，构建最具竞争力的全产业链。这种从战略高度进行企业经营的打法，是需要时间和耐心的。因此，朱凤涛就任微波炉事业部总经理后的三年时间里，微波炉事业部都是亏损状态，直到第四年才扭亏为盈，到第五年，微波炉事业部盈利4亿元，实现了美的微波炉的异军突起。

在这四年里，没有何享健的信任和支持，朱凤涛是很难完成预定目标的。

正是这种对优秀人才的培养体系和信任支持的氛围，使得美的的职业经理人 95% 以上来自本集团。

4. 美的职业化制度之约束与监督

美的的授权－分权制度能够成功实施，是因为美的制定了明晰有效的约束与监督制度，使职业经理人在大胆行使管理领导职责时，时刻不越底线、红线。美的的约束与监督制度主要体现为财务监控、战略管理和信息管理。

（1）财务监控

美的的财务监控体系建设得比较完善，使得在各经营单位充分行使经营权的同时，集团能对各经营单位实行及时有效的监控。

美的的财务监控体系中，财务预算控制是核心。美的的财务预算并不仅仅是一个财务概念，更是一个管理概念。每个经营单位到每年的下半年就要开始编制第二年的财务预算，这个财务预算要从经营单位未来一年战略发展的角度对本部门经营进行规划、设计。大致从 6 月到 12 月，这一预算要经过三轮上下级部门之间的磨合，不断修订，最终定稿。

这样的财务预算编制，对于各经营部门领导来说，是对战略能力、管理能力的训练；对于集团而言，是对下属经营部门战略规划的监督，对经营风险的防范。

有了经过严格程序制定出来的财务预算后，再加上月度、季度、半年度经营分析会，美的可以对各经营单位的经营状况进行实时监控，保证各单位规范高效运营。

在资金管理上，美的实行集团统一管理，各经营单位的收支由集团财务公司经手。此外，美的还有完善的审计、法务系统，与财务监控体系相互配合，共同筑牢监管体系。

（2）战略管理

美的从诞生以来没有发生大的战略性失误，是因为任何职业经理人所做的战略决策，都在美的集团的监督控制之下。而美的集团的监督控制，并不是某个领导的指手画脚，而是通过一个严格、科学、缜密的制度体系来实现的，这就保证了美的的战略管理从规划到落地都在规则中进行。这种制度就既能充分发挥职业经理人的创造性，又能约束职业经理人可能出现的思想、能力、道德上的偏差。

美的的战略管理是和财务监控体系同生共荣的。这个财务监控体系以一年为期，属于短期监控；从战略管理的角度看，美的的战略管理实际上分为两套决策闭环系统——战略闭环系统和投资闭环系统。

战略闭环系统包括战略规划制定、实施、监控、结果评审。美的的战略规划分为五年长期规划、三年中期规划和每年的经营企划。每次规划都要经过严格缜密的设计、论证、完善。投资闭环系统包括项目的选定、调研、编制、建设、投资过程实施，以及实施之后的运行、监控、运行结果的评审。在这种严格的制度约束下，只要在某个时间段、某个环节出现问题，数据就会马上反映到每月的经营分析会上，这些问题就可以及时得到纠正。严格规范的投资闭环系统使得美的的投资并购项目平稳推进。

（3）信息管理

美的的信息管理非常到位，为此美的建立了管理者定期述职制度、财务信息报告制度、经营管理信息报告制度、重大专项信息报告制度、重大突发事件报告制度等五大信息报告制度，并明确规定五大信息报告传递的内容、渠道、方式、时限。

美的在何享健在任期间就开始了信息化（IT）建设，是我国最早进行信息化建设的企业。1996 年，美的引入了甲骨文软件，成为其在中国的第一个客户，在风扇厂推行 MRP（物资需求计划，Material Requirement Planning），后来又应用了 OA（办公自动化，Office Automation）项目、营销项目、全面预算系统、人力资源信息系统等。

这些严密、规范的信息管理制度，使得美的的各级职业经理人的活动都在集团的监督之下，就像在透明的玻璃箱里活动的手，可以被清清楚楚地看到。这就有效杜绝了勾兑、贪腐、舞弊等行为。

也正是在信息管理方面的超前意识和实践，使得美的在方洪波接手后，自然而然地走上了数字化、智能化的新路。

二、积极主动自我变革

在美的的文化中，创新变革一直是一条最耀眼的红线，这也是美的组织领导力不断提升的原因之一。在上面介绍美的职业化制度建设的部分，我们已经看到，这一制度的引进和完善本身就是不断创新变革的结果。下面，我们就十几年来美的在智能化、业务转型等方面的变革进行探讨。

美的从最初的没有技术含量的塑料瓶盖加工起家，在转型到有一定技术含量的家电行业时，就已经对科技的潜力有深刻体认。2012 年方洪波接手美的后，将科技创新进一步强化，把一个家电企业发展为一家由数据驱动、智能运营的创新型企业，其业务板块也由传统的家电业发展为全新的五大板块：智能家居、工业技术、楼宇科技、机器人与自动化、创新型业务。

美的的数字化、智能化转型可追溯到何享健对信息化的重视。2012 年方洪波接手美的后，美的正计划上市。可是美的当时有 10 个事业部，每个事业部都有自己的系统、数据和流程，形成信息孤岛。方洪波决定整合各事业部的信息系统，以“一个美的、一个体系、一个标准”为目标，最后形成了“632”体系。

所谓“632”体系，包括6个运营系统、3个管理平台、2个技术平台。6个运营系统，即PLM（产品生命周期管理）、ERP（企业资源计划）、APS（高级计划与排程）、SRM（供应商关系管理）、MES（制造执行系统）、CRM（客户关系管理）；3个管理平台，即BI（商业智能）、FMS（财务管理系统）、HRMS（人力资源管理系统）；2个技术平台，即MIP（统一门户平台）、MDP（集成平台）。美的下属事业部采用同样的运营系统、管理平台和技术平台，保证一致性。

从2012年到2015年，美的用了近3年时间将“632”体系在各个事业部落地。“632”体系为美的数字化、智能化转型打下了坚实的基础。

美的的数字化从财务系统开始，然后扩展到仓库，继而延伸到生产线、供应链，最后从营销渠道数字化延伸到营销终端数字化。在美的的数字化进程中，“T+3”产销模式是一个重大创新。它将美的产销模式从传统的“以产定销”转型为“以销定产”，实现了“用户直达”。

在此之前，美的“以产定销”，由于不掌握产品的销售和库存情况，无法与消费者建立直接联系，容易发生货品积压。“T+3”模式要求所有订单来自一线，工厂根据订单组织备料、生产、发运等。2016年，“T+3”模式在美的全面推广，大大减少了库存。

在数字化转型实施过程中，美的整个企业的思维方式、创新能力都随之变化，数字化的进一步发展就是智能化，新的商业模式也被创造出来，如智能家居、智慧楼宇、智慧物流、智能制造……

【总结】美的在现代企业领导力提升方面是有鲜明特色的，其中蕴含着传统法家思想中法、术、势的精髓，讲求实效、勇于变革的精神，同时有效实施西方职业经理人制度、股权激励机制，通过现代化的制度建设和机制建设，把创始人个人的领导力赋能到美的各级高管和员工队伍中，形成了不断升级、不断焕发生机的组织领导力。

第六章

兵家思想与现代领导力提升

第一节　兵家思想中的领导力智慧

兵家思想的核心是取胜，取胜的关键在于将帅。兵家关于领导力的思想全部都是围绕将帅的思想、性格、能力展开的。

中国自古以来的国情就是资源稀缺，而生存环境又比较严酷，竞争激烈是中国历史的常态，体现在传统文化上就是，兵家思想远在《孙子兵法》诞生之前就已经有很好的积淀，春秋末年孙武的《孙子兵法》只不过是对以往兵家思想的总结和提炼升华而已。

兵家思想研究的是人类竞争博弈的最极端形式——战争，这种残酷的竞争博弈形式的结果往往是你死我活，这就要求将帅的思想、性格、能力远超常人。

现代企业的经营管理，既有温情和平、合作双赢的一面，也有激烈争斗、一决雌雄的战争性的一面。在近现代的世界企业史上，商业拓展借助于国家力量的比比皆是。尤其在最近十几年来，中国企业的经营管理面临更严峻的国际竞争环境，其中还包含着不公平、不正当的因素。在这种时刻，从传统兵家思想中汲取有益的智慧，打造出现代企业的卓越领导力，就是迫在眉睫的需求了。

一、将帅素质：智、信、仁、勇、严“五德”

有一句俗语讲得很好：兵熊熊一个，将熊熊一窝。从本书前面几章讨论的案例里，我们可以发现一个基本事实——优秀企业都有一个或一群优秀领导人。以《孙子兵法》的观点，优秀将帅必须具备智、信、仁、勇、严“五德”。

《十一家注孙子·王皙》对将帅“五德”是这样解释的：

智者，先见而不惑，能谋虑，通权变。信者，号令一也。仁者，惠附恻隐，得人心也。勇者，徇义不惧，能果毅也。严者，以威严肃众心也。五者相须，缺一不可。

以《孙子兵法》的观点，智、信、仁、勇、严“五德”是有机整体，缺一不可。

1. 智

“智”之所以被列为“五德”第一位，是因为战争是生死相搏，对战争的性质、形势、敌我双方实力对比缺乏了解，对即将进行的战争不能做出正确的战略判断和创新性的决断，在战争进行中不能根据不断变化的形势调整战略战术，必然导致战争的失败。

在《孙子兵法》中，“智”贯穿于全书的 13 篇专论中，这一概念包含以下内容：

第一，在决定开战之前，对于宏观形势和敌我关系、敌我双方实力要有全面而深刻的认识，对即将进行的战争要做出正确的战略判断和有创新性的决断。

《孙子兵法》首篇就是《计篇》，第一句就是“兵者，国之大事，死生之地，存亡之道，不可不察也”，这句话明确了《孙子兵法》是从战略高度去思考、分析、研究战争的，优秀的将帅首先要做到的就是具备战略思维能力，这是“智”的首要内涵。

而在具体的战争决断中，《计篇》强调庙算的重要性。所谓庙算，就是对即将进行的战争进行全面、充分的筹划，对战略战术进行缜密设计，对战争过程进行沙盘推演，确定本次战争我方胜利的概率。

第二，在战争持续过程中，优秀的将帅必须能够根据变化的形势随时确定新的战术。

《虚实篇》中有："夫兵形象水：水之形避高而趋下，兵之形避实而击虚；水因地而制流，兵因敌而制胜。故兵无常势，水无常形。能因敌变化而取胜者，谓之神。"这段话的意思是，在实际战争中，将帅要根据敌方的情况做出相应战术调整，抓住机会消灭敌人，取得胜利。

在《地形篇》中，孙武写道："知吾卒之可以击，而不知敌之不可击，胜之半也；知敌之可击，而不知吾卒之不可以击，胜之半也；知敌之可击，知吾卒之可以击，而不知地形之不可以战，胜之半也。故知兵者，动而不迷，举而不穷。故曰'知彼知己，胜乃不殆；知天知地，胜乃不穷'。"这里的"知彼知己"就是对敌我双方的全面、深刻、细致、及时的了解，"知天知地"就是对天气、气候、地形等自然情况的了解，只有做到这种程度，才可能在战场上获胜。

在中国历史上，这种优秀将帅的战例俯拾即是。如唐朝安史之乱中，天宝十五年（756 年）春，唐真源县令张巡率领军民坚守雍丘（今河南杞县），就是一次因敌制胜的战术创新。

当时安史叛军有 4 万余人，张巡的守城唐军只有 4000 人，敌我力量对比悬殊。张巡在天宝十五载二月到七月间，领导雍丘军民打退了安史叛军的多次进攻。到七月，张巡的守城部队的箭全部用完，张巡设计草人借箭，他命令战士捆扎一千多个草人，给草人穿上黑衣，夜间放下城去，叛军争相放箭，据传守城唐军得到了数十万支箭。

几天后，张巡在黑夜里将 500 名勇士放下城去，叛军以为还是草人，不加理会。500 名勇士直捣叛军首领大营，叛军仓皇逃窜，唐军追击十余里。不久，张巡率兵出战，抓获叛将十几人，斩首百余级。叛军连夜逃往陈留（今河南开封），雍丘保卫战取得胜利。

在商战中，兵学思想有着广阔的应用空间。20 世纪我国民族企业家古耕虞从无到有打造世界"猪鬃大王"的经历，一直贯穿的就是知己知彼、出奇制胜的策略。

猪鬃是20世纪我国重要出口物资，在战时是重要的军用物资，油漆军舰、飞机及各种军车，清刷大炮的炮筒等都需要猪鬃制的刷子。我国本土猪的鬃毛在硬度、韧性、长度等质量指标上居世界首位。英国商人最先发现这一点，从1890年开始就在中国购买原料加工，垄断了中国猪鬃的出口。古耕虞从1925年进入重庆山货市场，最初经营羊皮，后来他发现重庆猪鬃是中国猪鬃上品，但出口业务却被英国人垄断。如果出口业务不经过英国洋行，而是直接出口，就能多获利30%。他等待着打破英国洋行垄断的商机。

1927年年底，两个美国商人来到重庆，英语娴熟的古耕虞和他们沟通后签订了秘密协议，古耕虞的猪鬃大部分直接出口到美国，小部分卖给英国洋行。古耕虞的虎牌猪鬃在美国市场完全站住脚后，停止了和英国洋行的业务。后来，古耕虞在美国注册成立了子公司海洋公司，由此，古耕虞主导了美国从中国进口猪鬃的生意，改变了原来英商垄断中国猪鬃出口业务的格局。

2. 信

《孙子兵法》所说的“信”，就是将帅必须具备让人信服的能力。战争是生死相搏的极端博弈，得不到基层官兵的衷心信服和拥戴，将帅是很难发挥指挥作用的。东汉开国大将冯异，为“云台二十八将”之一。冯异性格谦恭自抑，每当部队宿营后，将军们都喜欢聚在一起谈论吹嘘战功，冯异从不参加这种聚会，独自在大树下歇息，因此被称为“大树将军”。他也要求自己的部下持谦退精神，在战斗时要奋勇向前，平时行军时，就要靠后，以免因争道而与别的部队发生争斗。

冯异谦恭克己的作风得到了基层官兵的认同。刘秀攻占邯郸后，为了整顿军纪，将各部队打散重新组织，士兵们纷纷要求归属到冯异部队中。冯异由此更加受到刘秀的重视，他后来屡建战功，与此有关。

在工商经营管理中，企业领导者同样需要下属这种发自内心的信服,《史记·货殖列传》记载战国初年的大商人白圭的经商之道:“(白圭)能薄饮食，忍嗜欲，节衣服，与用事童仆同苦乐，趋时若猛兽鸷鸟之发。”古代如此，现代社会中更是如此。

上文中我们讨论了古耕虞在国际商战中的智谋，本节我们来看古耕虞如何通过商业信誉的建设打赢商战。

1925年，古耕虞回重庆接手父亲的小商号古青记，当时古青记只有3个正式职工、4个徒弟。古耕虞看好羊皮业务，决定加大羊皮收购量。重庆羊皮业务的老字号裕厚长觉得古青记动了他们家的奶酪，就在市场上散布谣言，说古青记银根紧张，很多商户担心收不到款项，不敢与古青记做交易。古耕虞马上让父亲从上海汇来20万两白银，全部存入了重庆各大钱庄。在业务结算时，凡是古青记欠对方的款项，他都立即付清，而对方欠古青记的款项，他都暂不收回。古耕虞还让与古青记有业务往来的复兴钱庄检查古青记的总账。复兴钱庄检查后，发现古青记资本雄厚，宣布愿意为古青记担保。这些举措不但使裕厚长的谣言不攻自破，还提升了古青记的商业信誉，古青记在羊皮业务上成功开局。

此后，古耕虞对商业信誉充分重视，他曾对到天津赴任的部下袁冲霄一再叮嘱，在经营中必须保证产品质量，严格履行合同，即使亏本也不能损害公司的信誉。正因如此，古耕虞在商场上有极高的信誉，和古耕虞有长期合作关系的英美商人很信任他。

3. 仁

作为军队将帅，具备仁者之心才能让军队形成凝聚力。东汉开国将军冯异最初并不是刘秀的部下。当时天下大乱，群雄逐鹿，冯异之所以后来选择加入刘秀军队，就是因为看到其他军队胡作非为，而刘秀军队军纪严明，有仁义之师的气象。

宋朝的岳飞英勇善战，同时深具仁爱之心，在战争中不滥杀无辜。他把《孙子兵法》的将帅素质“五德”的顺序做了调整，将“仁”放在首位。在作战时，明令不得擅自杀俘，严禁军队劫掠骚扰民众。他要求军队“冻死不拆屋，饿死不掳掠”，得到了民众的拥戴。在以严格军纪治军的同时，岳飞也爱护士卒，对伤病者亲自慰问，对战死者吊唁致哀。正是这种仁者胸怀打造出所向披靡的岳家军，金人有“撼山易，撼岳家军难”之语。

在企业经营管理中，较早从《孙子兵法》中吸取精髓的是日本松下公司创始人松下幸之助。他曾说过：“《孙子兵法》是天下第一神灵，我们必须顶礼膜拜，认真背诵，灵活运用，公司才能发达。”我们从松下幸之助所提出的“松下七精神”以及他所提倡“社长替员工端上一杯茶”的精神来看，松下幸之助最重视的是《计篇》“五事”中最重要的“道”：“道者，令民与上同意也，故可以与之死，可以与之生，而不畏危。”而要达到“道”的境地，就要发挥“仁”的精神，通过对员工的关爱、尊重，打造出上下同心的文化氛围，实现“全员经营”“群智经营”的目标。

4. 勇

“勇”是指战争中将帅个人的勇气以及他所营造出来的高昂的士气，两军相逢勇者胜，大将总是具有敢于与最强悍敌人一决高低的勇气。但在《孙子兵法》中，“勇”被放到了第四位，这与《孙子兵法》重视战略、重视与战争相关的基础建设的总体思路有关。在孙武的思想中，“勇”当然重要，但在“五事”的战略框架中，它是一个次级因素。这一定位并非贬低勇气、士气，而是充分认识到勇气只是对军人的基本要求而不是最高要求。在中国人看来，智勇双全、以最小代价取得最佳战绩才是将帅的最高境界。隋唐之际的秦王李世民就是这样一个智勇双全的典型。

李世民在大战前分析敌我强弱形势，掌握地形特点，精心谋划战略战术；而在战争进行中，往往能够根据战争的形势做出正确判断，抓住战机，调整战术，取得胜利。在战斗中，李世民往往身先士卒，冲锋陷阵，对鼓舞唐军起到了重要作用。

我国企业在改革开放后很长一段时间里主要是在国内市场竞争，2001 年我国加入世界贸易组织后，中国商品也主要是在低附加值的领域发展，这些市场具有市场总额大、竞争手段单一的特点。但最近十几年来，中国制造已经稳健进入中高端价值链，中国出口商品已经由以往的附加值低的服装、玩具、家具等转变为电动车、锂电池和太阳能电池等高附加值产品。我国在互联网、人工智能方面的高速发展，使得某些国家开始针对我国的高端制造业进行围堵，企图阻止或延缓我国的产业升级。面对这种压制，越来越多的中国企业开始运用法律武器进行抗争，并取得了胜利。

2013 年 6 月，美国本土起重机公司马尼托瓦克向美国国际贸易委员会提起诉讼，称我国三一重工一款履带起重机产品侵犯其 928 号和 158 号两项专利权。2013 年 7 月 11 日，美国国际贸易委员会正式立案启动“337 调查”。所谓“337 调查”，是指美国国际贸易委员会根据美国《1930 年关税法》第 337 章对向美国出口过程中的不公平贸易进行调查，并采取制裁措施的做法。

面对这一指控，三一重工迅速组建强大应诉团队到美国应诉。2014 年 7 月 11 日，美国国际贸易委员会做出初审判决，三一重工未侵犯 158 号专利权，但侵犯 928 号专利权。三一重工不服，在 2014 年 7 月 28 日提起上诉，美国国际贸易委员会四次推迟裁定。经过三一重工应诉团队的努力，2015 年 4 月，美国国际贸易委员会做出裁决，马尼托瓦克的两项指控均不成立。至此，三一重工完胜。

三一重工在美国成功应诉，极大地鼓舞了中国企业在国际拓展中遇到不公平压制时捍卫权利的勇气。

拿起法律武器与不公平、不公正的行为抗争，就是现代企业领导者的“勇”。

5. 严

治军严明也是对将帅素质的基本要求。治军一定要把外在的铁的纪律和内在的思想精神的教育引导相结合，使基层官兵能够对将帅的严明军纪心服口服，从而达到令行禁止的效果。

前面我们讲到岳飞对民众、士兵的仁爱之举，让士兵从心底认同将军的理念，在此基础上，岳飞在平时的训练和战时的军纪上的严格要求，就很容易得到贯彻。有一次岳飞在庐州（今安徽省合肥市）时派一名传令兵紧急报送公文，遇到暴风雨，江面上波涛汹涌，大家都劝传令兵不要渡江了，传令兵说“宁为水溺死，不敢违相公令”，坚持渡江完成任务。岳飞在涉及群众的纪律方面更是严格，军法规定，践踏农田、妨碍农事，和民众交易时价格不公，都以军法处置。有一个士兵从湖口（今江西省湖口县）人项某那里购物，项某爱戴岳家军，自愿少收二文钱，士兵坚持按原价给付，说：“我可不能因为两文钱丢掉人头！”

曾国藩治军严明延续的也是内在思想教化与外在军纪约束相结合的路子。他以儒家仁、礼思想为核心进行思想教育。曾国藩创立湘军后，每月逢三日、八日，他都要召集军队训话，用“杀身成仁，舍生取义”的儒家思想和岳飞“不要钱，不怕死”的精神激励将士，教育他们忠君爱国，不得扰民。

在纪律建设方面，曾国藩颇有创见。他把军法军规与家法家规结合起来，用父子、兄弟、师生的温情关系来冲淡军中上下尊卑等级的僵硬死板氛围，缓解官兵的紧张抵触情绪。曾国藩制定的营规包括点名、演操、巡更、放哨等内容，家规包括禁嫖赌、戒游惰、慎语言、敬尊长等内容，通过对营规、家规的执行，打造军纪严明、令行禁止的军队。对于将帅，曾国藩期望更高，他要求他们做“内仁外礼”的楷模，成为国家栋梁。

曾国藩的治军理念得到了我国不少企业家的认同，华为的“胜则举杯相庆，败则拼死相救”就源于此。也正是这种艰苦奋斗、齐心协力的精神和“以奋斗者为本”的制度安排，使得华为在遭遇困境时能够成功突围。

二、将有“五危”与自我认知

1. 将有“五危”

上面的将帅“五德”，是从正面角度讨论军队领导者的全面素养；《孙子兵法》在《九变篇》中提出将有“五危”，则是从反面考察军队领导者可能存在的风险隐患。而这些风险隐患是每一个杰出将帅都可能遇到的。

《孙子兵法·九变篇》中说：“将有五危：必死，可杀也；必生，可虏也；忿速，可侮也；廉洁，可辱也；爱民，可烦也。凡此五者，将之过也，用兵之灾也。覆军杀将，必以五危，不可不察也。”这“五危”的意思是：过度的勇敢，一心一意要与对手以死相搏，可能会被敌人诱杀；在战场上一心想着保全生命，可能会被俘虏；性格暴躁，可以通过侮辱他让他失去理智；过分廉洁好名、珍惜羽毛的，可以通过羞辱他使他犯错误；如果将军爱护民众，就可以通过骚扰、残害民众来让他心烦意乱，造成失误。

在孙武的“五危”中，至少有两个从表面上看是好的品质——廉洁、爱民，而“必死”，如果在理智的控制下也是好的，可以被理解为勇敢、在战斗中奋不顾身。但孙武在这里讨论“五危”，并不是从纯粹的道德品行的角度去研究分析，而是从战争中最核心、最关键的人物——将帅的角度去考察。这就意味着，对于将帅而言，他的人格修为、心理素质、思想境界要远超常人。也就是说，他仍然要坚持良好的价值观和优秀的道德品行，如勇敢无畏、干净廉洁、仁厚爱民，同时，要对自己与生俱来的心理倾向做优化修炼。如一个天生谨慎小心的人，他如果把这种特点在正常情况下施展，是好事，但在你死我活的战斗中，他就必须知道，在战场上随时可能牺牲，因此，丢掉“必生”的幻想，反而可能活下来。再如，一个天生脾气暴躁的人，面对敌人挑衅时，必须考虑，我发怒做出的这个决定是不是理智的，这个决定会给我带领的军队造成什么后果。

对于一支军队的将帅而言，面对“五危”，他必须能够事先深刻内省，通过理论学习和血火实战的反复磨砺，这使他在任何“五危”考验到来时都能够成功应对。

事实上，所有伟大的将帅，都是在血与火的洗礼下不断成长的。《韩非子 · 显学》中说：“宰相必起于州部，猛将必发于卒伍。”一个将军从最基层的士兵开始，能够不断上升到指挥千军万马的将军元帅，一定是经历了“五危”屡屡考验，而且可能曾经在某些方面犯过错误，幸运的是他扛过来了。

将有“五危”的案例有很多。岳飞部下的猛将杨再兴勇猛过人，他最后的战死，就是因为一心一意要抓住金太子兀术，兀术假装不敌，将杨再兴引入重围，杨再兴和随同的三百将士遭遇伏兵，全部殉国。

《三国演义》中蜀汉和东吴之间爆发的夷陵之战同样如此。刘备因吴国偷袭荆州、关羽被杀，一怒之下决定发动战争。对于当时的蜀汉而言，理性的做法应当是通过政治、外交的方式，获得一定程度的政治和利益补偿，但因为刘备与关羽的情谊深厚，而荆州又是蜀汉经营中原、与曹魏孙吴竞争的根据地，刘备坚持要向孙吴宣战。《孙子兵法·火攻篇》中说："主不可以怒而兴师，将不可以愠而致战，合于利而动，不合于利而止。"夷陵之战在蜀汉历史上很重要，这场战争后不久，刘备死于白帝城，蜀汉实力被大大削弱。而这场战争之所以失败，从战略上说，刘备"怒而兴师"是根本原因。当时蜀汉并没有对吴的压倒性优势，即使后来在战争展开期间蜀汉军队没有犯战术上的错误，这场战争很可能的结果也是消耗，对于蜀汉而言不是什么好事。

对现代企业领导人而言，将有"五危"的启示是，每个人的优点一旦在不当的时候过度延伸，就可能造成致命后果。不过，如果领导者有强烈的自省意识，在犯下错误的时候，能够及时止损纠错，这个领导者仍然有机会最终胜出。著名管理学家彼得·德鲁克曾说过："只有经历过两次重大危机的企业，才算得上是成熟企业。"从这个意义上说，犯错误也是一种学习，当然，学费会很高。

2. 自我认知

将有"五危"给我们的启示，就是任何人都可能犯错误，一个人所有的优点在某种特定情况下不适当的延伸都可能变成致命缺陷。从问题的相反方向去思考、分析问题，让自己永远处于忧患、自省状态，是《孙子兵法》最重要的思维方式。这种思维方式归结到最后，就是对自我的认知：了解自己（包括企业领导人、领导团队、企业本身）的强项和弱项，了解自己的企业在国内外同行业中的地位、可能面临的风险及应当采取的应对措施。

海尔创始人张瑞敏的"自以为非"就是这样一种自我警醒的思维方

式，保证了海尔始终跟随社会发展和科技进步，处于世界家电业的前列。任正非的“下一个倒下的会不会是华为”同样是一种自我批判、自我反省的思维方式，这种从生存的极限状态来思考企业经营管理的思维方式，必然造就一种高效、创新、忧患的企业文化，也使得华为的组织结构不断创新，组织始终处于敏锐、活跃的状态。

2019 年 5 月 16 日，华为被美国列入“实体清单”，华为手机所需要的高端芯片被断供。任正非罕见地接受了全球数十家媒体采访。在采访中，任正非表示，美国制裁不可能真正打倒华为，相反，美国的制裁帮助华为消除了内部的组织惰怠，华为必将走向下一个成功。

事实上，华为经过 5 年奋斗，成功地应对了美国制裁，在核心技术掌握、新产品和新兴业务的推出上都获得了成功。

我们对华为的历史略作回顾就可以发现，华为在 2008 年前后就已经针对美国极限施压状态做过预案，开始对关键核心零部件进行囤积，确保在极端情况下能够保持业务的连续性。而在这之前，华为已经开始进行芯片研发，在人才和技术方面进行长期积累。

很有意思的是，任正非在华为形势看上去不错的时候往往发出“盛世危言”，而在“黑云压城城欲摧”的时候，却发出自信自强的声音。这就是一个杰出领导者的领导力的体现：居安思危和在危难中树立战略定力。

第二节　现代案例研究：从“五德”的角度看双童公司

义乌市双童日用品有限公司（简称双童公司或双童）专注于吸管研发生产，每件产品利润只有 0.08 元。这是一个进入门槛低、利润不高，而竞争又极其激烈的细分市场，要想胜出，就必须有卓越的经营管理能力。双童吸管从1994年进入这一行业，在2002年就做到了世界第一。此后的20多年里，双童依靠创新，依靠独特的企业文化的打造，保持了不断自我跃迁的活力，始终保持着吸管行业世界第一的地位。下面我们从兵家智慧的将帅“五德”的角度来研究双童创始人楼仲平的领导力。

一、智

楼仲平出身义乌农家，由于家境贫寒，1979年，只读了初一的他就开始出门做“鸡毛换糖”的小生意，1994年，进入吸管生产销售行业。楼仲平从一个行业小白成长为行业的隐形冠军，首要原因就是学习能力和学习型组织的打造。通过组织再造、商业模式创新、科技创新，双童吸管从一个前店后厂的小作坊成长为具有现代企业治理结构的创新型企业。

1. 学习型组织建设与“再造经理人”行动

学习型组织形成的前提是组织的创始人、最高领导人自己是学习型人才。楼仲平虽然创业时文化水平不高，但他很清楚，在科技不断进步、社会急剧变化的时代，仅凭个人以往的有限经验和有限文化水平是难以让企业不断升级换代、始终位居行业前列的。2008年，楼仲平接触到了德鲁克管理思想，结合他自己几十年商海生涯的感悟，形成了对企业、组织、战略、管理等概念的全新认知。为了提升双童管理团队的思想意识和管理水平，楼仲平将德鲁克十多部企业管理的专著消化后，提炼出其中精要，编成课件，作为双童管理团队的学习资料。

2010年年底，楼仲平开始实施学习型组织建设工作，目标是集体学习德鲁克，改变已经陈旧的管理模式，提升双童管理水平，激发双童管理团队及员工的活力。但最早和楼仲平一同创业的那批经理人年龄大，文化水平低，更重要的是他们不愿意学习，更不愿意离开舒适圈去改革。

经过一年的思考和筹划，2011 年 11 月 9 日，双童颁布企业五年发展规划，明确“再造经理人”行动计划，同时解决“二代传承”问题。经过两年学习、培养，以李二桥为代表的“90 后”管理团队在 2013 年 10 月全面接任，双童“再造经理人”计划成功落地。

对于二代传承问题，楼仲平也做了妥善安排。我国民营企业大多数是由“40 后、50 后、60 后”创立的，从 21 世纪初开始，二代接班就成为我国企业界关注的问题。像美的那样完全交由职业经理人团队接班的案例凤毛麟角，而传统的子女接班模式目前还在探索中。

楼仲平接受了德鲁克关于企业具有社会属性的思想，同时他也充分考虑经营管理企业的复杂性，在科技迅猛发展、社会急剧变化的时代，企业经营管理的难度只会越来越大。楼仲平和家人充分沟通后，达成共识：子女不接班；有血缘关系的直系亲属不得进入管理层（原有的部分亲属退出管理层）；明确双童可以是家族企业，但不能成为“家里的企业”。

双童的“再造经理人”行动，解决了双童法人治理结构问题，建立企业传承机制，使双童从家庭作坊转型为现代企业。

“90 后”管理团队接手双童后，从 2013 年 4 月开始形成每周一次的学习会，就学习内容在年底统一考试，考试学分作为绩效考核和职位升迁的依据之一。每周学习会从高管开始，后来逐渐覆盖到全体员工。

2. 商业模式创新

在最初几年，双童的商业模式是以量取胜，2001 年已经成为全世界最大的吸管生产企业，并且外贸比例一度超过 90%，沃尔玛、Dollar

Tree 等世界零售巨头都向双童订货。但这种以外贸为主、以大客户为主的商业模式导致生产企业利润越来越薄，生产厂家缺乏定价权，同时销售过度集中在少数几家大客户上，风险也比较大。

楼仲平反复思考，认为低价为少数几家大客户生产的模式不可持续，双童应当走一种差异化中高端之路。经过两年的思考探索，2003年，双童主动放弃了低价贴牌加工的美国市场，提出了“两条腿走路”和“小客户原则”的理念，完成了双童的商业模式创新。所谓“两条腿走路”，就是吸管的内销和外贸并重。“小客户原则”体现为以下举措。第一，开发酒吧、夜总会、KTV、咖啡厅等中高端场所的小订单，增强议价权，提高利润率。第二，增加小客户数量，降低经营风险。第三，通过定制化生产，满足不同客户的需求，增加企业利润空间，提升企业竞争力。第四，控制单一客户订单量。双童规定单一客户订单量不得超过工厂生产总量的 3%，避免单一客户订单量过大带来的生产压力和风险。

双童的商业模式创新使它摆脱了低价竞争的泥潭，走上了一条创新发展之路。

3. 科技创新

双童每年将利润的大约三分之一投入到科技创新，这使得双童积累了 200 多项专利，数量占全球塑料吸管行业的三分之二。正是凭借在科技创新方面的专注，双童在 2006 年受托制定了中国吸管行业标准。2008 年，双童受托起草中国《聚丙烯饮用吸管》国家标准，代表中国吸管企业主持吸管国际标准的制定。

在吸管领域的长期深耕与勤于思考，使楼仲平比同行们对产业的趋势看得更深、更准。楼仲平很早就意识到环保将成为全球性的共识，环保要求将会越来越严格，因此，早在 2006 年，双童就研发出了聚乳酸可降解吸管。这款吸管由淀粉基材料乳化制作而成，可直接跟食物接触，使用后在堆肥条件下 45 天就可以分解为水和二氧化碳，不污染环境。

正因为双童走在同行之前，当 2020 年年底“最严限塑令”颁布，双童的聚乳酸可降解吸管在消息发布的一个月里销量达到了过去几年的总和。

4. 自我认知与提升

在双童吸管的上述改革创新中，起根本作用的是创始人楼仲平自我认知能力的不断提升。楼仲平 14 岁开始跟随父亲“鸡毛换糖”，干过 20 多种行业，他的所有企业经营管理的知识都是在实际经商过程中摸索学习的。

出身草根的楼仲平具有谦虚、好学、开放的人格特征，在长期的企业经营管理中，楼仲平发展出了一套源自实践、融合传统文化与现代企业管理思想的思维方式，这使得他和他的团队在领导力方面不断提升。

比如，楼仲平之所以选择吸管行业，是当时恰巧有人要退出这一行业，出售制造设备，这算是随缘。但进入这一行业后长期专注于这一行业，却是楼仲平对自己资源、能力等各方面进行考量的结果，也是实践给出的结论。在 2001 年双童产量已占据海外市场三成以后，楼仲平一度想向电商网站领域发展，但以失败告终。既然认定了吸管这一主业，楼仲平就决意将企业做成可以长期经营、在同行中享有盛誉、能够获得合理利润的企业。因此学习型组织的打造、现代企业制度建设、“再造经理人”、小客户原则、科技创新就自然成为双童发展过程中的选择。

二、信

双童对信誉的高度重视体现于一次外贸业务合作。双童决定退出低价的美国市场，进入利润空间更大的日本市场后，有一次，双童的一批吸管运到日本，发现产品中有一根头发，采购商要求6个集装箱的产品全检，而全检的费用比吸管本身还贵。楼仲平决定将产品在日本就地销毁，还支付了高额销毁费。剩下的两个集装箱运回双童，在全体员工面前全部销毁。从此，双童在生产过程和质量检查方面制定严格规范，再没有出现投诉问题。

三、仁

"仁"是中国文化的核心，即使在兵戎相见的战争中，中国兵家思想也强调不仅对自己的部下要仁爱，而且对待已经放下武器的敌人，也要有仁义之师的风范。在中华文化理念中，战争只是解决人类问题的一种不得已的手段而已，如果可能，尽量不使用这种手段。《孙子兵法》中讲"不战而屈人之兵"，也体现了中国兵家思想的"仁"的实质。

在企业经营管理中，企业家的仁爱是企业具备凝聚力、创造力、竞争力的根本，尤其在人的价值、人的创造力被日益凸显的今天。企业经营管理中的仁爱主要通过企业文化建设来实现，在这方面，我国企业家在民国时期已经自觉践行并结出了最早的果实，如张謇的大生公司、卢作孚的民生航运公司的实践。双童吸管在仁爱文化方面也做出了有自己特色的实践。

1. 家文化

双童打造家文化，是倒逼的结果。2004年前后，双童出口到日本的产品出现质量问题，造成了很大损失。双童痛定思痛，检查原因发现，造成质量问题的几乎都是短期务工的年轻员工，而老员工很少出现这类问题。

中国文化以家庭为本，家是中国人的牵挂，是中国人努力奋斗的动力所在。如果能够让双童的职工在双童成家立业，企业再为员工的职业发展、生活等方面提供支持，这样就能让员工安心工作。

从2005年9月开始，双童着手“家文化”建设，以小家形成大家，凝聚团队人心。双童先后投入5000多万元建造员工宿舍，所有的员工宿舍都配备了五星级酒店的高品质硬件，员工就餐全部免费，员工家属用餐补贴一半。双童鼓励单身员工在企业内谈恋爱，引导员工配偶在本公司就业，鼓励带孩子到公司入住，鼓励带老人到企业帮助员工带孩子。

但企业毕竟是经营主体，要讲效率、讲理性。对于同在双童工作的有亲属关系的员工，双童明确亲属回避原则。同时，双童也通过学习会等形式，传递一种现代企业理念：员工与组织之间是一种交换、协作、彼此期望的雇佣关系。这样就在营造一种“家文化”氛围的同时，保持科学、理性的企业管理秩序。

在员工收入和职业发展方面，从2004年开始，双童推行全方位岗位考核、内部创新提成等业务合作方式。2018年12月19日，双童实施第一期股权激励计划，首批12位核心员工正式签约成为双童经营伙伴，双童以股份合伙、业务合伙等激励方式让优秀人才成为合伙人。

2. 生态化经营

双童的生态化经营最初是基于节水的目的，从而降低企业成本。双童的生产需要大量用水，当时一年用水量超过18万吨，水费几十万元，这对利润本就不高的双童来说，负担不轻。而且那时候义乌时常停水，企业生产深受影响。从那时起，楼仲平就思考如何节水节能。

2001年，楼仲平在获批的18亩地上建厂房和员工宿舍时就专门修建了雨水收集装置，把厂区内所有的雨水收集后通过管道连接循环利用。2003年，双童和日本企业合作后，他多次到日本实地考察，发现日本企业在节水节能方面做得更加系统、科学、完备，于是就将日企的雨水收集回用系统、废水处理回用系统、设备余热水循环利用系统、设备余热采集循环系统都引入双童。通过这样的节水系统，双童用雨水代替了 90% 的自来水，每年仅靠节水就节省了 200 万元。

2005 年，双童决定引入垃圾分类循环系统。由于这一举措过于超前，连专业的设计院都无法满足双童的需要。楼仲平亲自上阵，自学使用 CAD 绘图软件，参与方案设计。在楼仲平看来，没有完全无用的垃圾，垃圾只不过是放错了位置的资源。将垃圾科学分类、循环使用，是对企业、社会、生态都有利的事情。2019 年，双童成为义乌首家获“国家级绿色工厂”荣誉称号的企业。

四、勇

从上面的叙述来看，到大约 2015 年时，双童吸管主业已经处于世界隐形冠军地位。如果是常规的企业经营案例，讲完上面的内容应该可以结束了。但楼仲平对企业永续经营的执着追求，使他主动走出企业经营管理的舒适区，在巅峰时勇于自我突破，勇于自我革新。

吸管行业是一个规模、利润都有限的细分行业，双童从 1994 年开始进入，在这一行业精耕细作，已经在技术专利、商业模式、经营管理等方面做到了极致，基本上已处于行业天花板状态。已经从经营管理一线退下来的楼仲平思考着，如何让双童突破行业天花板，使得双童在吸管业营收、利润增长率都下降后还能有新的生机。

楼仲平一边研读企业经营管理著作，一边广泛实地考察国内外企业情况。日企曾以专注、工匠精神著称，但他考察的结果让他大为震惊。有一家生产一次性筷子的日本企业，坚持工匠精神，2000 年时，它生产的产品极为精致，双童就是从这家企业学到了专注和工匠精神。但是，2013年这家企业因员工老化、企业活力不再、创始人去世后无人接班而关闭。楼仲平决定，要在吸管业之外，孵化出更多的创新创业项目，把双童打造成一个创新创业平台。

毫无疑问，做成一件事，既需要勇气，也需要思路和方法。

楼仲平带着李二桥在2016年、2017年间走访了包括海尔、美的、华为在内的很多著名企业，广泛学习借鉴。海尔、美的、华为都是国际性大型企业，在资金、人才、技术等方面都积淀丰厚，有着双童不可比拟之处。双童要想走出自己的创业孵化之路，还得立足自身资源与特点。

楼仲平借鉴了稻盛和夫阿米巴模式，结合自己的创业经验，他认为："企业要进化首先要回归，回归到自组织，回归到以前的小微企业，小规模、自反馈、自管理，就是怎样把企业做小而不要做大。"双童提出"破界创新"，也就是在吸管业之外寻找创新创业的机会。

楼仲平的思路是：双童有3万多个客户，这些客户除了有吸管的需求之外，还会有其他需求。而双童目前的设备、人力资源等还有进一步发挥的空间。如果将这种供需通过一种合适的方式连接在一起，就有可能开创出一片新天地。

为了鼓励员工创业，双童规定，员工组成创业体时，以自己的人力资本获得股份。如果这个创业体的利润达到100万元，创业体员工控股比例就从20%升到33%；利润达到300万元，创业体员工控股比例就升到49%；到500万元时股份就升到51%，成为控股方，原先的经理人成为这个创业体的董事长。

2017年，双童成立了9个创业体。2018年9月，创业体中有两位员工做了吸管以外的项目。截至2023年年底，双童通过裂变机制成功孵化了16个创业体、26个经营体。这些经营体以国际贸易和创业教育两大板块为主。40多位员工实现了从员工到小老板身份的转变，带动200多个员工跟随创业。

这些创业体和经营体创造了十分显著的业绩增长，成功反哺了主业经营，双童从吸管制造企业转型为创业共享平台。

五、严

双童在2003年出口日本的货品出问题后，完善了各项制度，杜绝了类似事件发生。现在，双童制度完整，标准化制度文件超过2000多页，其中有关卫生管理的文件就有260多页。

【总结】中国兵家思想讲的是人类在极端状态下的博弈，是以性命相搏换取生存发展空间。为了达到这一目标，军队领导者就必须具备“五德”，还要时刻以将有“五危”自省自警。中国很多企业所面临的竞争环境实际上类同于战争，比如，中国的小商品制造业，门槛低，技术含量低，员工文化水平不高，行业增长空间有限。如何在这种不利的环境中做到行业天花板的水平，并且在此基础上还能自我突破，使企业获得更大的发展空间，楼仲平的探索给我们很多启发。

第七章

禅宗思想与现代领导力提升

第一节　禅宗的创新本质

一、佛学本土化的过程

佛学本土化的过程是印度佛学进入中国后与中国传统文化相互交流、相互融合的过程。佛学本土化以慧能创立南宗禅为标志最终完成。在这一过程中，中国传统文化吸收了印度佛学中思维缜密的优势，也吸收了佛学慈悲救世的信仰。佛学与中国传统文化中的信仰体系互相激发，有机融合。同时中国传统文化重视智慧、重视理性、重视现世生活价值的特性也充分体现出来，这一特性最终将印度佛学悲观、虚幻的方面在一定程度上淡化和消解，从而突出了中国佛学的慈悲、乐观、智慧、开放特性。

佛学本土化是在佛经的翻译、宣讲、诠释过程中逐步完成的。在印度佛教传入中国的早期，为了让这种与中国传统文化很不一样的思想为中国人接受，早期的佛经翻译者很自然地借用中国人熟悉的语言、概念来译经，解释佛教教义。这个传统存在于整个中国佛经翻译进程中。在佛经翻译中，从汉到隋，很多著名的翻译家都不是中国僧人，而是来自印度或西域的胡僧，如东汉的安世高，西晋的竺法护、竺叔兰，后秦的鸠摩罗什，南朝宋的佛陀跋陀罗，陈的真谛，北魏的菩提流支，隋朝的那崛多和达摩笈多等。这些翻译家翻译佛经时，有很多中国本土的助手参与翻译，这样就自然地将中国传统文化的理念体现在翻译之中。甚至为了符合中国传统社会重视家庭、强调伦常的倾向，一些佛经翻译还会增加一些佛经中原本没有的内容。杨曾文在《佛教中国化的回顾与思考——中国古代佛教的三个问题》中指出："如《长阿含经·善生经》中的'父母所为，恭顺不逆''父母正令，不敢违背'等，据巴利文同本经典《尸迦罗越之教》，这些是译者加上的（参见日本中村元《儒教思想对佛典汉译带来的影响》，载《世界宗教研究》1982 年第 2 期)。在三国吴康僧会译的《六度集经》中有明显添加的‘君仁臣忠，父义子孝，夫信妇贞’‘孝事其亲’‘为天牧民，当以仁道’等内容。流传最广的三国曹魏时译的《无量寿经》中也多有忠、孝、礼、义、信等用语。”

在佛学中国化的过程中，东晋到南朝宋之际的中国高僧道生起到了十分关键的作用。道生俗姓魏，出生于士族家庭，幼年即随竺法汰出家，改姓竺，15 岁便登讲座，20 岁受僧侣的最高戒律“具足戒”。道生曾经辅助鸠摩罗什译《大品般若经》《小品般若经》。义熙十四年(418年)，法显与佛陀跋陀罗译出《大般涅槃经》初分，经中说除一阐提外，皆有佛性。“一阐提”是佛教术语，指的是完全断绝善根之人。而道生经过反复思考认为，既然众生都有佛性，一阐提也属众生，自然也可成佛，因此提出“一阐提人皆得成佛”，这一说法被认为是异端邪说，他被逐出建康(今江苏省南京市)。后来北凉昙无谶翻译的《大般涅槃经》传到建康，经中说到一阐提可以成佛，道生的说法得到证实，被誉为“孤明先发”。

实际上，中国在孟子时期就有“人皆可以为尧舜”的理念，道生只不过是在佛学中将这种理念进一步深化了而已。道生在佛学历史上是以慧解著称的，所谓慧解，就是智慧颖悟，就是通过理性分析和独到的领悟力获得对佛理的深入、透彻的理解。在这一过程中，中国传统文化与印度佛学有机融合，中国文化自信自然显现。

道生除了“一阐提人皆得成佛”的观点外，还提出了顿悟成佛说。顿悟成佛说毫无疑问与老庄哲学中《庄子》所重视的直觉顿悟思维方式有着内在联系。而这一学说后来进一步发展，就助推了慧能创立南宗禅的佛学中国化的最终完成。

二、禅宗创新本质的体现

佛学中国化最终完成在六祖慧能。

按照文献记载，慧能是出身于现广东新兴县的底层劳动者，不识字。按照《六祖坛经》的叙述，慧能在见五祖弘忍之前就已经悟道了。慧能悟道的契机是听到有人读《金刚经》中“应无所住而生其心”时“心明便悟”。《金刚经》本是大乘佛教中一部纲领性经典，全文只有5000余字，而其中核心思想正是“应无所住而生其心”。由此我们可以看出，慧能确实慧根极深，善于从纷繁的佛学经典中抓住关键因素。同时，我们也可以推测，慧能在前往黄梅五祖弘忍的道场前，应该受过一定的佛学熏陶。他求见弘忍时说出宏愿：“不求余物，唯求作佛。”弘忍看到这个来自边远地区的毫无学识的人居然口口声声说要成佛，当场就批评他太过狂妄。但慧能的回答是：“人即有南北，佛性即无南北。”弘忍从这个回答中已经听出了慧能悟性之高和未来修行前途之不可限量，于是将慧能留下，让他从最低级的杂役开始寺院生活。

8个月之后，弘忍决定要将禅宗衣法传于年轻一代，于是发出通知，让僧众把自己学习佛法的心得以偈的形式写出来，弘忍根据悟道的深浅决定六祖传人。在慧能到五祖道场之前，神秀是公认的五祖最得意的门生，大家都认为五祖会把衣法传给神秀，因此大家都很默契地把机会留给了神秀。神秀的偈是：“身是菩提树，心如明镜台。时时勤拂拭，莫使惹尘埃。”但弘忍评价为“见解只到门前，尚未得入”，让神秀重写一个，神秀却无法交稿。慧能于是请人写下了著名的偈：“菩提本无树，明镜亦非台。佛性常清净，何处有尘埃！”弘忍一看就知道，慧能的悟性远远超过神秀，于是，在深夜召见慧能，为他解说《金刚经》，并传衣法，慧能遂为禅宗六祖。

五祖弘忍之所以舍弃博学的神秀而选择慧能，关键之处就在于慧能的悟性一流。弘忍十分清楚，印度佛学十分深奥艰涩，如果照着神秀的路数去传播，很可能几代之后就会中断。从印度千里迢迢取回海量佛经的玄奘法师，其和弟子窥基创立的唯识宗就因为过于深奥艰涩，与中国文化背景和民族性格大大背离，只传了五代就消亡。六祖慧能的悟性使得他能够将佛学最关键的内容和中国传统文化有机结合，创造性地将佛学中国化，使得中国佛学其他派别基本消亡后，只有禅宗和净土宗能够继续传播，且能开枝散叶。从这个意义上说，五祖弘忍慧眼识才。

1. 革命性创新

从印度佛学传入中国到慧能时代，经历了600多年。而中国最后一次大规模译经正是在玄奘取经之后，玄奘（602—664年）比慧能（638—713年）年长36岁，玄奘译完这批佛经去世时，正是慧能悟道前后。可以这么说，在慧能之前，中国佛学界已经将印度佛学进行了系统的翻译、消化、诠释，在一定程度上已经完成了佛学中国化的大部分工作，这时需要一个人将这种佛学中国化的工作用一种更为简洁明了的方式加以定型，在这个历史时刻，慧能担当起这个责任。

前面我们讲到，道生提出了“一阐提人皆得成佛”和顿悟成佛说，这两个观点为慧能创立南宗禅奠定了基础。慧能真正的创新在于，他将印度佛学重视解脱、慈悲救世的核心理念与中国传统文化强调现世生活意义的价值取向做了创造性的融合，使得佛教真正为中国社会各阶层所接受。

在印度佛学中，人生充满着痛苦，而人之所以痛苦，就是因为有贪嗔痴等欲望，这些欲望满足不了就会痛苦，而这些欲望一旦膨胀必定会造成罪恶，给他人或社会带来危害，佛经中对这些内容做了繁复精微的分析探讨。要想得解脱、不造恶，就必须将人本性中根深蒂固的贪嗔痴等欲望彻底灭绝。从这个意义上说，神秀“身是菩提树，心如明镜台。

时时勤拂拭，莫使惹尘埃”走的就是这条印度佛学原汁原味的路。但他的老师弘忍已经知道这条路在中国走不通了。

中国传统文化有一个理念是各家本土学说共同认可的，那就是中庸。所谓中庸就是“叩其两端执其中”，就是不走极端，使自然、社会达到中和境界，使万木葱茏、鸢飞鱼跃，使自然、社会始终保持鲜活、创新状态。因此儒家四书之一为《中庸》，这本书提出，君子的最高境界就是“极高明而道中庸”。这种中庸理念与印度佛教对贪嗔痴等欲望的看法是难以融合的。

中国文化从不认为人的贪嗔痴等欲望是绝对不好的。在儒家看来，贪嗔痴等欲望只要控制在合理合法的范围内，不但不是恶，反倒是推动人生、社会进步的重要动力。如对金钱的追求，孔子说“君子爱财，取之有道”；对于权力的追求，孔子说“学而优则仕”。如果是“为天地立心，为生民立命，为往圣继绝学，为万世开太平”，就是天大的好事；有能力却不为国为民出仕，反倒是失职。对于异性的追求，如果合乎礼仪，合乎法律，也是好事，因为儒家讲“不孝有三，无后为大”。

中国的价值观从来都是建功立业、造福百姓、光宗耀祖、衣锦还乡，这些价值观与印度佛学灭绝欲望、悲观出世是格格不入的。但由于印度佛学实在太深奥精微，中国僧人一旦进入这样一种思想体系中，基本都被征服，很少有人想到要跳出这种思想框架。

但慧能本身就是农民，没机会细读佛经，这样反倒使他有条件跳出印度佛经，把印度佛学最核心的观念和中国传统文化最重要的价值追求有机结合在一起。因此，他的“菩提本无树，明镜亦非台”的真实意思就是，我们根本用不着把贪嗔痴等欲望彻底灭绝，而且从中国人的角度看，想灭绝也做不到，而与贪嗔痴等欲望共存但将它们控制在合理合法的范围内，使自己不痛苦、不造恶是可以做到的，如果与此同时再对众生广施慈悲，不就“当下即佛”了吗？所谓“佛性常清净，何处有尘埃！”。

当然，由于汉语的简洁多义性，上述分析在慧能的偈中并不是直接表达出来的。也正是这种模糊性，不仅使得慧能完成了佛学的改革，也形成了南宗禅流行后的一系列结果。

2. 顿悟：培养创造性思维的有效途径

尽管禅宗成为中国佛学主流，创造了禅宗在印度有二十八祖、中国有六祖的历史，还创造了佛祖拈花、迦叶微笑的传说，但从实际来看，顿悟成佛的实践主要由中国人首创并完成。从思维方式看，印度人长于冥想，善于构建宏大、完备、精微的思想体系。佛祖释迦牟尼是在长期苦修、冥想的基础上悟道成佛的，这更类似中国人说的“渐悟”。

中国人推崇的顿悟来源于道家思想，在《庄子》中有充分的描述。顿悟是抓住事物的最关键特质，在某一特定契机下完整、全面领悟事物本质的一种思维方式。它不以苦思冥想为必要条件，而是更加强调顿悟的随机性、自然性，强调这种高峰体验是人们正常生活的一部分。道家的任运随缘、无为自在的精神就是慧能所推崇的状态。

顿悟是一种创造性的思维方式，它以形象、随机突发、直奔问题关键、一通百通为特征，它要求顿悟之人必须具备超凡悟性。这也是禅宗让一般人觉得神秘、难以理解的原因，也是西方将禅宗说成“东方神秘主义”的原因。无论是慧能还是禅宗后来的禅师，都强调“平常心是道”“饥来吃饭，困来即眠”，因为禅宗大师们非常清楚，顿悟需要有悟性，也就是需要非凡的天赋，没有天赋非要顿悟，那一定是缘木求鱼。

而且，对前来参习佛法的佛家弟子，即使其有很好的悟性，不到关键时刻，禅师们也不予以点拨，这与儒家“不愤不启，不悱不发”（《论语·述而》）的教学原则相通。

更重要的是，禅宗认为对佛法的领悟必须通过个体独特的生命体验去完成，而不可能通过他人的语言表述来达到这一目标。因此，禅宗历史上出现了 1700 多个禅宗公案。在这些公案中，禅师们用机锋棒喝、话头圆相等方法创造出可以让禅宗弟子们顿悟的特定场景、机缘，这 1700 多个禅宗公案实际上就是 1700 多个创造性思维的教学案例。在这些公案中，我们可以体会到从中唐到两宋中国南宗禅师徒薪火相传、相互激发的思维方式创新、教学方式创新。

中晚唐时期的德山宣鉴禅师（780—865 年）的悟道过程就是一个典型。德山宣鉴俗姓周，幼年就出家为僧，理论素养极深，尤其精于《金刚经》，时人称其为“周金刚”。当时南宗禅已经在南方广泛流传，德山宣鉴修习的是北宗禅，他对慧能创立的南宗禅很不以为然，决定深入南宗禅腹地，“搂其窟穴，灭其种类，以报佛恩”。他到湖南澧阳，一位老太太推荐他到龙潭寺参访崇信禅师。见到崇信禅师后，德山很高傲地说：“一直向往龙潭，等到真的到了这儿，潭又不见，龙又不现。”龙潭禅师很平和地说道：“你亲自来到龙潭。”崇信禅师的回答让德山宣鉴一时语塞，暂时留下，但心中并未信服。一天晚上，宣鉴在崇信禅师身边侍立，时间很晚了，崇信禅师说“夜深了，回去休息吧”，宣鉴往外走，感叹“天好黑呀！”，崇信禅师就点燃一根纸烛让德山照路，德山刚要去接，禅师突然将纸烛吹灭。宣鉴在这一刹那猛然醒悟，倒头便拜。

崇信禅师点燃纸烛又马上吹灭，就是通过这样的身体语言启发德山宣鉴：对佛法的领悟只能依靠你自己。纸烛的点燃和熄灭只是外在的因素，使你暂时看见或看不见，如果你自己的心灯没有被点燃，你实际上就是凡夫俗子，看不见世界的真相。“一切般若智，皆从自性而生，不从外入”（《坛经·般若品》），而你一旦彻悟到你的“自性”本身是澄澈洁净的，你的智慧之灯就会被点燃，你就获得了无上正等正觉，悟道成佛。

在这一公案中，崇信禅师很清楚德山是来挑战的。德山的优势是佛学的理论修养很高，但他并没有对博大精深的佛学有一种高屋建瓴、删繁就简的彻悟。正好那天晚上天色晦暗，崇信禅师随机以暗含禅机的身体语言点化了德山。

3. 世俗化与平民化

南宗禅的创立带来的一个重要结果就是佛学内容的世俗化倾向，同时这种顿悟成佛的“简易”方式适应了中国最广大的普通民众的需求。当初弘忍选择慧能而不是神秀，估计也考虑到这样的因素。

任继愈 1995 年在《农民禅与文人禅》中首次提出“农民禅”的概念，他认为从慧能到五家七宗建立的时期，属于农民禅阶段。这是很有道理的。在南宗禅创立之初，北宗禅的代表性禅师多为文化水平较高的人，他们往往饱读佛经，其支持者也多为贵族势力，而南宗禅一开始走的平民化、世俗化道路是受到当时禅宗主流排斥的。但当人数占据绝对优势的包括农民在内的文化水平不高的底层百姓接受了南宗禅之后，南宗禅必然反客为主。

禅宗不管怎样改革，怎样创新，它的核心内容仍然是佛教的内容。对于中国以农民为代表的普通民众而言，信奉佛教是希望减少痛苦、摆脱烦恼，但他们对世俗世界的发财、做官、延续香火、光宗耀祖等的追求同样强烈。南宗禅对此也做出了回应。

六祖慧能说：“佛法在世间，不离世间觉。离世觅菩提，犹如觅兔角。”慧能的这一思想在民国时期被太虚法师等高僧大德进一步发展为“人间佛教”思想，1987 年正式写入中国佛教协会章程，被誉为“20 世纪中国佛教最宝贵的智慧结晶”。

4. 积极、乐观、开放的人生态度

南宗禅将印度佛学修行路径中的苦行、悲观的倾向淡化乃至消解，换之以积极入世、乐观、开放的面目，这是佛学中国化的一个必然结果。中国文化在面对人生的挫折、不利、失败等负面因素时，也需要疗治、抚慰，这是佛学在战乱频仍的南北朝得到快速传播的重要原因。但中国文化从骨子里来说是积极、乐观、开放的，可以说慧能在 7 世纪中期完成禅宗的中国化革新，有着超越时代的精神特质。

被后人认为是弥勒佛转世的五代时期布袋和尚契此，就是中国禅宗僧人的一种形象：大肚能容，容天下难容之事；笑口常开，笑天下可笑之人。这是以幽默、智慧、乐观、包容化解世间的烦恼与痛苦。“布袋和尚传说”先后被列入宁波市和浙江省非物质文化遗产名录，又于 2010 年被文化部列入国家级非物质文化遗产名录。

5. 诗意境界

中国文化是一种诗性文化，诗性文化的核心是诗人以其内心修为去观照、浸染、表现外在事物，诗的基本单位是包含了诗人感情思想的意象，由意象进而创造出意境。意境则有意在言外之妙。禅宗对世界的把握与中国诗人对世界的表现完全一致，也是强调对“自性”的充分发挥与运用。发展到后期，禅宗也有诗化倾向。在灵山拈花的故事中，佛祖拈花、迦叶微笑就是充满禅机的意象。在南宗禅早期，由于慧能等人文化水平有限，禅宗诗意化倾向还不明显，等到沩仰宗、临济宗、曹洞宗、云门宗和法眼宗等五宗兴起后，随着士大夫阶层与禅宗交流日益频繁，禅宗的诗化也顺势发展起来。中唐文学家李翱问道药山惟俨禅师的故事就是禅宗诗化的案例。

李翱在担任朗州（今湖南省常德市）刺史时，药山惟俨禅师就在附近的慈云寺弘法。李翱曾多次邀请惟俨禅师讲说佛法，都未能如愿。李翱以刺史之尊亲自前往寺院请教，但到寺院后，惟俨禅师仍然读书不已，根本不理李翱。惟俨的侍者提醒："太守到了。"看惟俨不理他，李翱气不过，说"真是见面不如闻名啊"，拂袖而去。这时，惟俨禅师叫道："李翱！"李翱一愣，回答："在！"惟俨禅师说："太守为什么相信耳朵听到的事情，却不相信亲眼看到的呢？"李翱听出了惟俨话里的禅机，于是问道："什么是道？"惟俨禅师一言不发，用手上下一指，问："会吗？"李翱一脸茫然，惟俨禅师说："云在青天水在瓶。"李翱当下明白了，于是就写了《赠药山高僧惟俨二首》其一："练得身形似鹤形，千株松下两函经。我来问道无余说，云在青霄水在瓶。"

"云在青天水在瓶"的意思是，道无处不在，在天上就体现为飘飞的白云，在瓶子里就体现为洁净的水，顺其自然，回归本心，就可以体会道的实质。

像药山惟俨这样，用诗化的语言来表达禅宗对世界的感悟的事例，在后来的禅宗历史上俯拾皆是。如宋代禅宗大师青原行思提出参禅的三重境界，分别是"看山是山，看水是水""看山不是山，看水不是水"和"看山还是山，看水还是水"。后人用三组诗句分别表现这三种境界：第一境界是"落叶满空山，何处寻行迹"；第二境界是"空山无人，水流花开"；第三境界是"万古长空，一朝风月"。

禅悟中有诗意，诗句中有禅机，禅宗由农民禅升级为文人禅。

第二节　禅宗思想及其形成过程对现代领导力思想的借鉴意义

我国企业从改革开放以来，一直践行着创新发展之路，但由于改革开放之后很长一段时间里，我国的市场足够大，我国企业创新把重点放在了市场营销、商业模式等容易立竿见影的方面，广告战、价格战成为各个行业最常用的手段，而在原创技术研发方面的投入较薄弱，中国很多企业在一定程度上成为各国著名品牌的代工厂，很多有自主品牌的企业的产品也无法与世界同行顶尖品牌相媲美。

当时中国经济社会、文化教育、科研投入等都存在不少短板，更重要的是，原创意识和创新能力建设远远不够。

整个社会开始重视原创性科技研发是在20世纪90年代后期，而2018年以来的逆全球化抬头则激发了全社会的创新精神，涌现了一批先进企业、先进的领军人物和先进的产品，如华为、王兴兴创立的宇树科技、梁文锋团队研发的DeepSeek、游戏科学公司推出的《黑神话：悟空》、饺子编导的《哪吒》。这些科技创新和文艺创新的成功案例中，除了华为是老牌企业，其他的企业和领军人物几乎都是“80后”和“90后”。这在某种程度上显示着，中国的“80后”“90后”已经开始接手中国创新的主导权了。

禅宗思想及其形成过程对中国当下领导力思想尤其是其中的创新力提升有如下借鉴意义。

一、回到本心

禅宗创新的核心理念就是“应无所住而生其心”，也就是直指人心，明心见性，即心即佛。禅宗是吸收外来文化并实现本土化融合的典范，它让中华文明更加富有活力而不偏离大道。

在7世纪，玄奘法师在大雁塔下做完了中国历史上最后一次大规模译经之后，来自广东的慧能，以其过人的慧根把握了佛学的核心理念，并将它与中国的道家思想、儒家思想有机融合，改造成中国本土化的佛学思想——南宗禅。此后，南宗禅先在广东、江西、湖南一带流传，继而传遍全国，成为中国化佛学的主导流派。

直觉顿悟、抓住事物本质的大道至简思维方式在禅宗之前已经是中国人思维的一种重要特征，经过慧能的进一步凸显，再经过此后南宗禅各派的弘扬，这种思维方式已经彻底内化为中国人的精神本能。

在现代社会中，学科日益繁多，科技门类日益精细化，企业经营管理也随之更加复杂。在这种情况下，我们更需要禅宗这种直指人心、抓住事物本质的大道至简思维方式。

乔布斯 1973 年在里德学院修炼禅学时曾有下面的说法："我对那些能够超越有形物质或者形而上的学说极感兴趣，也开始注意到比知觉及意识更高的层次——直觉和顿悟。" 2005 年，乔布斯在斯坦福大学发表演讲时讲道："你们的时间很有限，所以不要将时间浪费在重复他人的生活上。不要被教条束缚……不要让他人的喧嚣遮蔽自己内心的声音、思想和直觉，它们在某种程度上知道你真正想成为什么样子。所有其他的事情都是次要的。"

在企业经营管理中，领导者做创新必须回到本心：为什么要做这个创新？这个创新对这个行业或产品的用户有何意义？创新者在这个创新中得到了什么？

二、重视生命体验与缄默知识

慧能开创的南宗禅所强调的顿悟成佛，特别重视个体的独特生命体验。南宗禅所说的开悟，实际上与现代认知科学中的缄默知识有着密切联系。这种缄默知识在科研创新、企业经营管理中都有着广泛运用。

北京大学教授路风在《走向自主创新：寻求中国力量的源泉》中认为："技术能力——能够有效地使用技术知识的能力——是企业的知识、技能和经验的集合，由于构成技术知识的很大部分是'缄默知识'，所以技术能力只有在技术研发的经验中才能形成。”[1]缄默知识一定是在创新实践中积累起来的。

从这一角度去观察，我们可以发现，实践出真知的理念在中国那些重视创新的企业中落地生根。在商业竞争中学习竞争，在领导企业中学习做领导，这是中国社会和中国文化最擅长的。

我们以带领华为不断发展的任正非为例来说明。他从传统农耕生活的生存智慧中领悟到管理智慧和领导智慧：“自我批判是掘松管理土壤，使优良管理扎根生长的好办法。”农民应对灾荒的办法给任正非启示：“节衣缩食，以稀饭代干粮，但不管怎样，也要留足种子粮……虽然饿着肚子，但至少还有希望，但要没有了种子粮，希望就变成了绝望。这就是农民的朴素管理思想，延续了五千多年的农业文明，就是靠它在维持。”

任正非出身于知识分子家庭，他本人也是大学毕业生，但我们从他的管理思想中体会到的是六祖慧能式的农民的智慧，草根式的鲜活犀利的思想，是从饥饿、求生中提炼出来的管理智慧和领导智慧。这其中体现了禅宗所重视的个体生命体验及由此形成的缄默知识所蕴含的力量。

三、禀持开放心态

南宗禅成为禅宗主流，后来进一步成为中国佛学主流，在创新上的开放心态起到了关键作用。禅宗经典中记载的1700多个公案意味着1700多个创新方法，没有固定路径，关键在根据不同的机缘、场景、师徒各自的禀赋，因地制宜地进行创新活动。

中唐的药山惟俨禅师继承石头希迁禅师的禅法，认为修行贵在自

[1] 路风．走向自主创新：寻求中国力量的源泉［M］．桂林：广西师范大学出版社，2019.

然，不必执意读经和修禅观想。在这样的环境里，首要的是选择有慧根的弟子，营造创新氛围。

禅宗的这种开放心态在当下科技创新公司中显得尤其重要，但如何将这样一种开放心态落实到位，则各有不同的招数。

例如，深度求索公司的管理是比较随意自然的方式。在选人上，深度求索公司喜欢选用优秀的刚刚毕业的年轻人，看重的是员工的研究潜力；在团队管理上，不搞内卷的赛马机制，每个成员可以根据自己的特长和优势进行研究，梁文锋将其称为“自下而上”和“自然分工”。深度求索公司前期的创新就是在这样的机制下产生的。

四、对创新持宽容态度

创新一定意味着对以往观念、行为模式、制度机制等的突破，因此，创新需要社会、领导的宽容。当慧能作“菩提本无树，明镜亦非台。佛性常清净，何处有尘埃！”的偈句时，弘忍肯定看出了这个偈句的革命性意义，也知道把衣法传给慧能会带来的风波，他用尽可能平和的方式将衣法传给慧能，并告诫他回到南方，隐迹于江湖草民中，待机而出。正是这种“极高明而道中庸”的领导智慧，保住了慧能创造的南宗禅的创新血脉，南宗禅数年后从广东开始，接着向江西、湖南等地传播，继而形成禅宗大潮。

与南宗禅大致同时代的唯识宗的命运，与之形成鲜明对比。唯识宗创始人是著名的玄奘法师及其弟子窥基，这两人身份非同一般。玄奘法师在印度游学了 18 年，对印度佛学理论有全面而深入的研究，同时是中国最后一次大规模译经的领军人物。窥基出身豪门，其伯父就是唐太宗手下名将尉迟敬德。窥基作为玄奘法师的首席弟子，其佛学修为也很高。玄奘和窥基师徒二人在翻译佛经的基础上，创立了最接近印度佛学思想的流派——唯识宗，这一派别从学术上讲是很严谨的，理论体系也完整，但最大的问题就是不接地气，很多思想与中国国情相背离。比如，一阐提是否也可成佛的问题，是在晋宋之际道生就已经解决了的问题，玄奘到印度后，专门向他的老师戒贤法师请教这个问题，戒贤法师明确强调，一阐提不能成佛。玄奘只好听从，他的唯识宗里也照此宣讲。唯识宗创立后只传了五代就消亡了，绝非偶然。

我国在最近十多年里原创性创新不断涌现，与中国社会的全面进步有着密切关系。社会包容性增强、家庭教育与学校教育的日益宽容与鼓励创新、耐心资本的出现，等等，都是因为中国已经解决了温饱问题，从社会到家庭、从政府到企业、从领导到普通员工，越来越多的人开始进入以创新为人生追求、以探索新知为价值取向的生命状态，这为中国当下和未来的原创性创新提供了良性的环境。

【总结】禅宗思想对于中国当代企业领导力建设最大的价值就体现在创新意识和创新能力的培养、提升上。禅宗思想中包含着文化自信、重视实践、重视面向现实生活、面向最广大的普通民众、对创新创造的宽容等因素，这些恰恰是我国高科技创业企业最需要的精神因素。

第八章

王阳明心学思想与现代领导力提升

第一节　王阳明心学的领导力思想精髓

王阳明心学是中国传统思想中将儒、法、道、禅思想有机融合的思想创新，也是传统领导力实践的集大成者，王阳明依靠心学领导力智慧实现了“立德、立功、立言”的理想。

一、融合性

王阳明心学的领导力思想不仅融合了儒释道思想，也融合了兵家和法家思想，因而他能够践行“立德、立功、立言”的儒家圣贤之道，不仅为朝廷平定了三次内乱，也为后世留下了丰厚的文化与精神财富。

1. 在儒家思想方面，融合了先秦儒家、程朱理学及陆王心学

作为儒家信徒，王阳明首先对先秦儒家、程朱理学及陆王心学做了融合与发展。

先秦儒家思想主要包括孔子、孟子、荀子及《易传》《大学》《中庸》的思想，这是儒家思想的本源。和春秋战国时期其他思想体系一样，先秦儒家思想从诞生之日起，就是为了应对“礼崩乐坏”的社会困境。孔孟奠定儒家思想基本理论框架，荀子则吸收了法家思想要素，并促进了法家思想进一步发展。《易传》《中庸》则吸收了道家关于“道”的本体论思想，发展为儒家的本体论思想，使先秦儒家思想体系更加完备。

程朱理学是在中国传统社会达到盛唐巅峰后，面对传统社会出现的新问题而进行的儒家思想新发展。从宋朝开始，城市商品经济进一步发展，整个社会世俗化进程进一步深化，传统的儒家思想已经不再像以往那样有吸引力、有阐释力了。与此同时，佛学思想在思想体系的宏大缜密方面超过中国传统思想流派，而且经过六祖慧能的改造后，无论在民

间社会还是在士大夫阶层，都有广泛影响力。程朱理学有效地吸收了佛学特别是禅宗的理论，发展出理学的本体论思想，将儒家的伦理道德和政治信仰理念转化为概念化及系统化的哲学及信仰体系，促成了中国哲学思想的一次巨大飞跃。

王阳明的心学思想是在宋朝陆九渊心学思想基础上进一步发展，同时将先秦儒家思想和程朱理学融会贯通的结果。王阳明生活的时代是明朝中期，此时明朝所推崇的程朱理学已经失去感召力，不仅民间社会不再信奉，在朝廷和士大夫阶层也日渐衰落。同时，东南地区商品经济日益繁荣兴盛，社会思潮更加多元和活跃。王阳明在创立心学前，对先秦儒家思想、程朱理学、道家思想、佛学思想都有全面深入的研究，他创立阳明心学，在一定程度上类似于慧能悟道，都是源于一种特殊的巅峰生命体验。

王阳明心学与慧能悟道的相似性，使得王阳明心学具有一种大道至简的特性，也有着平民性、实践性的优势，从明朝中期起，影响中国传统社会后期直到现在。

2. 融合了释道思想，也融合了兵家和法家思想

从王阳明心学的领导力思想角度来看，特别是结合王阳明的政治、军事生涯，王阳明心学不仅融合了儒释道思想，也融合了兵家和法家思想。

王阳明一生很重要的功业是平定三次内乱。王阳明的军事造诣来源于长期的钻研思考和军事实践。王阳明从小立志要做圣贤，对兵法很感兴趣。十多岁随父亲入京后，他跟随塾师许璋学习，学习内容就包括兵法。十五岁时，屡次试图上书皇帝，讨论军政大事，被父亲斥为狂妄。同年，他出游居庸关、山海关一月之久，观察塞外形势。

正德十一年（1516 年）八月，40 岁的王阳明被朝廷任命为都察院

左佥都御史，巡抚南（安）、赣（州）、汀（州）、漳（州）等地，从此开始他的军事生涯。正是在十多年的军事活动中，王阳明将他以往积累的军事理论知识和军事实践不断融合，进行创新，形成了极富王阳明心学色彩的兵学思想。《明史》这样赞颂王阳明的军事才能："终明之世，文臣用兵制胜，未有如守仁者也。"

王阳明的军事成就是在极其艰难的环境下取得的。他在担任都察院左佥都御史之前，是纯粹的文官，没有军事指挥的经验。同时，他率领的军队人数少，且战斗力不强，需要王阳明重新训练强化。更凶险的是，在他平定宁王叛乱之时，当时的明武宗并不信任他，他一边与叛军作战，一边面临被清洗、杀戮的威胁。晚年在平定广西内乱时，因都御史姚镆征剿失策，朝廷再次起用王阳明。当时王阳明肺病已很严重，但他仅用几个月时间就使用和平手段解决了问题。

王阳明兵学著作有十多种，其中重要的有《王阳明评注武经七书》《兵志》《阳明兵策》《历朝武机捷录》等四种。

王阳明的兵学思想首先继承了儒家仁者爱人思想和仁政思想，这一思想与道家和《孙子兵法》"慎战"思想一脉相承。在嘉靖七年（1528年）平定广西内乱的奏疏中，王阳明阐述了征讨战争的"十患"与政治安抚的"十善"，力主不到万不得已不要采取军事行动。他在"平茶寮碑"中说："兵惟凶器，不得已而后用。"

王阳明兵学思想另一个重要贡献在于利用谋略以少胜多。他之所以能在各种复杂的环境中制定正确的军事谋略，关键就在于"此心不动，随机而动"(《传习录》)，也就是打造出"不动心"后，自然能够正确分析敌我双方强弱长短，找到突破僵局的关键点。

至于法家思想，这是王阳明军事政治活动必不可少的部分，在他进行湘赣闽粤交界地区基层组织建设中体现得很充分。但王阳明吸纳的法家思想是在儒家思想整体框架下实现其功能的。

3. 王阳明心学的形成是一个发展的过程，是不断融合各家思想、不断提炼升华的过程

王阳明心学的形成是一个发展的过程，是不断融合各家思想、不断提炼升华的过程，通过这样的融会贯通和提炼升华，王阳明心学变得日益精粹，日益简便易行，达到了大道至简的境地。

王阳明心学思想最初是心即理和知行合一思想，这是他龙场悟道后直到晚年提出致良知之前的核心理念。心即理是王阳明心学的基础，也是王阳明彻底理解程朱理学后，用陆九渊的心学理论框架对先秦儒家思想和程朱理学进行的融合与发展。所谓心即理，就是首先承认程朱理学所建构的客观存在的天理世界，再由孟子的“万物皆备于我”的哲学命题进一步发展，认为完全可以通过内在心性的修养，达到对世界的完满认知与精神自由。因此，王阳明的“心”，既是客观的世界本体，又是具有主观认知能力、创新创造能力的认识和实践主体。

所谓知行合一，用通俗的话来说，就是当你真正理解一个道理时，你实际上已经在践行了。而当你做一件事情做得很好时，你一定是对这件事情的来龙去脉理解得十分透彻了。

在王阳明提出心即理和知行合一思想之前，尽管他通览精研了儒释道的重要经典，但他对先秦儒家思想、程朱理学仍然无法彻底理解，更无法将二者贯通起来。他 21 岁时“格”竹子把自己“格”出了病就是明证。当时王阳明读朱熹的著作，读到“众物必有表里精粗，一草一木，皆涵至理”(《近思录》)，这是朱熹对先秦儒家“格物致知”的理解，王阳明就照着这样的思路去“格”竹子之“至理”。实际上，先秦儒家所说的“格物致知”强调的是人类社会中的道德伦理问题，而不是认识论问题。从外部物理世界去“格物致知”，获得人类社会中的道德

伦理意识以及政治信仰，必然是缘木求鱼。

在经历了长期理论思考以及实际生活和政治历练后，在被贬谪到贵州龙场（贵阳西北七十里，修文县治）驿站后，在因为随时可能被宦官刘瑾派来的杀手所害而度过了无数个焦虑不眠之夜后，一天夜里，王阳明忽然灵光一现，彻悟了儒家的“格物致知”其实是一种内心的高峰体验，儒家所说的内圣外王就存在于这种高峰体验之中。经历这种高峰体验后，必定会神清气爽，感觉到天人合一，必然会心甘情愿地去践行它。

王阳明龙场悟道的心理机制与慧能悟道完全一致。后来王阳明心学中，在指导弟子时，全面引入了禅宗的禅定、调息、明心见性的体验方法，只不过心学的目的是成为儒家圣贤。

王阳明心学的核心内容在这一阶段已经基本形成了。王阳明心学所说的“心”既是客观存在的本体，又是可以认知客观本体的具有主观能动性的主体。这样，王阳明的心学就把先秦儒家思想、程朱理学、陆王心学完全打通，融为一体了。

王阳明到了晚年，将他的知行合一的思想进一步发展为致良知学说。

王阳明的致良知学说源于《大学》的“致知”和《孟子》的“良知”，使王阳明心学思想更加圆融通透、直指人心、简洁易懂。王阳明认为，孟子所说的“良知”，是每个人天生就有的是非之心、良善之心，而“致知”就是将天生就有的是非之心、良善之心进一步扩充，并且每日践行，最终使自己与至大至广、深厚无垠的客观仁善本体合二为一。在这里我们可以看到，“致良知”是“知行合一”的升级版。

王阳明临去广西平乱时，对弟子提出心学“四句教”：无善无恶心之体，有善有恶意之动，知善知恶是良知，为善去恶是格物。这是用更加简洁的语言将心学最关键的思想做了纲要性的概括，便于心学在普通民众中传播。

对心学“四句教”可以这样理解：世界的本体是无善无恶的，但是人一旦进入具体的生存环境，面对生存压力与欲望诱惑，必然产生或善或恶的心理、性情、行为变化，在这种情况下，一个人要想成为圣贤，立志成为君子，就必须以良知为本，坚持诚意正心，分清善恶，并且通过无止境的心性修炼，为善去恶，成就圣贤事业，达到内圣外王的境界。

如果对王阳明心学前后两个阶段的三个重要提法进行简要梳理，可以发现，王阳明从龙场悟道开始，已经形成了心学的基本思想体系。但三个提法中，每一个都比前一个思想更凝练，表达更简洁，更加直指人心，更便于理解和易于践行。

4. 理论性与实践性的融合

王阳明心学的理论贡献上面已经做了简要介绍，它是对儒释道思想的一次空前的融会贯通，是传统中国儒学的最后一次标志性创新。但王阳明心学还有一个重要价值是它的实践性，这一特性不仅继承了中国文化经世致用的优良传统，也使心学对后世影响巨大，尤其是对于领导力的培养及提高有重要作用。

王阳明心学思想中的知行合一和致良知都强调实践性，再加上王阳明自己在军事和政治上的功业，为后世领导者提供了绝佳的榜样。

王阳明心学的实践性，不仅仅体现在领导者个人心性品德的修炼上，也体现在对底层民众甚至是违法犯罪人员的教育引导上。王阳明用致良知学说点化小偷就是一个典型案例。

相传王阳明的弟子抓到一个小偷，王阳明给小偷讲了一番人人都有良知的道理，小偷大笑问：“请告诉我，我的良知在哪里？”当时正是夏天，王阳明让小偷把上身衣服脱了，小偷照办，王阳明说：“还是太热了，为什么不把裤子也脱了呢？”小偷很为难，说：“这，好像不太好吧？”王阳明便向小偷大声喝道：“这就是你的良知！”

王阳明心学的实践性与上一章我们讲到的南宗禅的实践性、世俗化、平民性是一致的。王阳明要做的是，在中国传统社会日益世俗化、平民化的时代，创造出“人皆可以为尧舜”的儒家终极理想。

二、打造“不动心”

打造“不动心”是王阳明心学中最为突出的内容，也是王阳明心学最突出的特征。这与王阳明个人的身体状况及他独特的人生经历有关。

王阳明身体本不强健，这从他在 21 岁时因“格”竹子而病倒大致可以看出。35 岁时因上疏论救南京给事中御史戴铣等人，触怒刘瑾，被廷杖四十，贬谪到贵州龙场当驿丞，由于住所潮湿阴暗，王阳明在这里染上了肺病，后来又由于工作繁重，他的肺病进一步加重，晚年因此去世。

除了身体上的疾患，王阳明另外一个问题就是政治生涯中的各种陷害、倾轧、打压。王阳明从政时期主要经历了明武宗和明世宗两个皇帝，这两个皇帝都不是勤政有为的人，尤其是明武宗（1491—1521 年，15 岁登基，去世时才 31 岁）。明武宗前期重用刘瑾等“八虎”，正直的大臣大多被逐出朝廷；刘瑾被杀后，明武宗又重用钱宁、江彬等武人，继续其昏庸无道的行径。王阳明被廷杖贬谪贵州，龙场悟道，两次平乱，都是在明武宗在位期间完成的。王阳明心学的建立是与王阳明的政治军事生涯密不可分的，王阳明心学的核心宗旨就是要追寻生命意义，就是要在绝望中看到光亮，在迷惘动摇中获得精神定力。也就是说，为大明王朝建功立业之时，也是王阳明在不间断地进行自身的心性修炼、道德完善的过程。王阳明以其传奇性的人生经历展示了中国传统士大夫内圣外王的完整过程，因而在中国传统领导力学说史上具有无可争议的权威性。

在王阳明的著作中，我们可以看到大量有关心性修炼的论述，这些论述都指向一个方向——打造“不动心”。王阳明谪居龙场时，“一切得失荣辱皆能超脱，惟生死一念尚不能遣于心”（《行状》，《王文成公全书》卷三十七）；而龙场悟道，则使他对于生死之念也彻底超越。这一超越，是把儒家的积极有为的精神和佛道的“无我”、无欲无求的人生智慧有机结合的结果。

但龙场悟道只是王阳明心学的开始，作为一种实践的哲学，王阳明必须在此后二十年职业生涯中将心学的核心理念进一步锤炼，使自己真正达到“静亦定，动亦定”“虚灵不昧，众理具而万事出”（《传习录》）的人生化境。

因此，我们就可以看到，王阳明在戎马倥偬、命悬一线之际依然聚徒讲学，实际上就是通过讲学，从师徒的互动之中获得精神支持，化解内心忧虑、恐惧，打造“不动心”。王阳明给学生黄绾的信中所说可以证实这一点：“彼此但见微有动气处，即须提起致良知话头，互相规切。……缘此数病良知之所本无，只因良知昏昧蔽塞而后有，若良知一提醒时，即如白日一出而魍魉自消矣。”（《与黄宗贤》，《王文成公全书》卷六）

由此可见，王阳明所说的“不动心”实则是一种超于常人的心理素质。这种超于常人的心理素质正是儒家所说的圣贤必备的，它是以坚定的价值观为基础，通过不间断的磨炼形成的。

对此，孟子曾说过：“故天将降大任于是人也，必先苦其心志，劳其筋骨，饿其体肤，空乏其身，行拂乱其所为，所以动心忍性，增益其所不能。”大意是：上天在给一个君子赋予伟大使命之前，一定会通过各种方式和手段来磨炼其精神，使他思想坚定、精神坚韧，完成使命。孟子是学者，并未像王阳明一样经历过被廷杖、追杀、贬谪边地，日日忧虑可能的追杀，为国家平叛却被诬陷并可能因此遭遇无妄之灾等凶险之事，而王阳明则是以其跌宕起伏的人生以及超凡功业为打造“不动心”树立了一个真实的榜样，激励无数仁人志士学习践行。

三、战略能力与创新能力

王阳明心学是对中国传统文化中很多思想的一次全面深入的融合，中国传统文化中的《易经》、道家思想、兵家思想都以战略思维、战略决断著称。王阳明的战略能力与创新能力主要体现在他三次平定内乱以及处理相应的错综复杂的政治问题上。我们以王阳明解决宁王之乱为例，看王阳明的战略能力与创新能力是如何在心学思想指导下展现出来的。

宁王朱宸濠的叛乱足足准备了十年时间。在这十年时间里，朱宸濠招兵买马、扩充军队，更重要的是，他不惜血本把明武宗身边受宠的太监、佞幸、权臣基本上都收买了。关于宁王谋反的信息大多被明武宗周围的人过滤掉了，以至于在江西省，凡是与宁王作对的官员，或离奇死亡，或被赶走。所幸的是，明武宗时期，还有正直的官员，如推荐王阳明巡抚南（安）、赣（州）、汀（州）、漳（州）等地的兵部尚书王琼，再如和王阳明一起平定宁王之乱的吉安知府伍文定。

正德十四年（1519年）六月，宁王朱宸濠发动叛乱，巡抚孙燧、江西按察副使许逵因反对叛乱被杀。王阳明当时已接受朝廷命令去福建平定兵变，已经走到了江西吉安和南昌之间的丰城，可以说江西境内的宁王叛乱跟他没关系，他完全可以一走了之。但王阳明留了下来，在还没有得到朝廷明确指示的情况下，主动承担起平定宁王叛乱的大任。他马上回到吉安，组织平叛工作。

王阳明首先进行战略分析。朱宸濠为叛乱准备了十年，号称十万人马，而实际人数也达到了七八万人；而王阳明手中并无军队，发出勤王号令后能集结到王阳明旗下的也只有两三万人而已，而且是不折不扣的杂牌军。同时，以明武宗昏聩无道的统治和当时明朝政府的工作效率，外省能调到江西的军队一时半会儿是指望不上的。也就是说，王阳明必须依靠他的两三万临时拼凑的军队平定有七八万人之多的宁王叛乱。

这是一场敌强我弱的战争，但王阳明只花了 43 天就彻底平定叛乱。王阳明的战略能力与创新能力就体现为八个字："此心不动，随机而动"。

"此心不动，随机而动"的意思是：第一，保持心境平和，冷静分析敌我双方形势；第二，根据局势的发展，制定并实施战略，在战略实施中，调动敌人，最终消灭敌人。在王阳明的军事思想中，"知己知彼"以及"致人而不致于人"的《孙子兵法》精髓被他应用到了炉火纯青的境地。

王阳明平叛的第一步是心理战，这是他在湘赣闽粤平乱时已经屡试不爽的手段。他首先编造了各种公文，通过各种方式传递到朱宸濠军队中，同时，又伪造朱宸濠的亲信与朝廷官员的往来书信，离间朱宸濠与其亲信的关系。这些心理战使朱宸濠有半个月时间不敢轻举妄动，为王阳明军队集结和军备物资准备赢得了时间。

叛军北上，攻克南康、九江后，进攻安庆。安庆在长江北岸，一旦被攻占，下游的南京就危在旦夕。有部下提议，为保证南京的安全，王阳明的军队应当前往安庆救援。王阳明认为：叛军已经攻克了南康、九江，士气正旺，而官军人数少，又是临时集结的，前往安庆要经过叛军占领的九江，可能发生战斗，走到安庆时战斗力会更加低落；进攻宁王老巢南昌，离吉安近，便于后勤和军队的调动，充分发挥主场作战的主动性，一旦攻破南昌，很可能会扰乱朱宸濠的心理，而叛军士兵大多是南昌本地人，南昌被攻克很可能会导致他们回师南昌，安庆之围自然消解。

事实证明，王阳明的这一决策是正确的。南昌被攻占后，朱宸濠十分震惊，急忙率叛军回南昌。这时候，战略决策再次发生分歧。当时大部分人主张固守南昌，等待外省勤王军队到来。王阳明认为，南昌粮食不多，临时拼凑的军队难以长期坚守，而外省勤王军队不知何时到来，因此，最好的办法就是主动出击，在鄱阳湖上与叛军决战。

这次的鄱阳湖大战打了好几天，最终是朱宸濠犯了水战大忌，他把舰船连成一片，被王阳明火烧连营，叛军大败，朱宸濠被生擒。

王阳明战略创新的第一个特点是，大处着眼，小处着手。在整个平叛过程中，王阳明的战略分析都上至朝廷，下至江西省各地县，从敌我两方面充分分析研判，尤其对朱宸濠及其叛军团队的心理揣摩得十分透彻，其制定的战略、战术都具有很强的针对性，这正是王阳明战略创新的精彩之处。

王阳明战略创新的第二个特点是，通过心理战的方式消解敌方的优势。王阳明是文官出身，他的军队几乎是临时拼凑起来的，从训练、官兵关系等方面说与准备了十年的叛军相比是不占优势的。王阳明通过各种手段离间朱宸濠与亲信的关系，通过编制各种公文、私人信函及制造舆论等方式扰乱叛军心理，在鄱阳湖之战中还制作了大量免死牌，在战场上投放，也使很多叛军捡到免死牌后向官军投降。

王阳明战略创新的第三个特点是，通过有效的手段迷惑、调动敌人，实现“致人而不致于人”的目标。战争是一种你死我活的博弈，在敌强我弱的情况下，就必须设法创造己方的主动权、主导权，这也是王阳明战略创新的精彩之处。在上面的介绍中，我们可以看到，朱宸濠的很多重大决策都是照着王阳明的战略预设去进行的，这是典型的“致于人”的案例。而王阳明能够做到“致人而不致于人”，创造出对己方有利的态势，最终消灭敌人，根本原因就是他的心学修为——“此心不动，随机而动”。

四、系统思维能力和综合治理模式：王阳明式的组织力与执行力

1. 系统思维能力与大道至简

所谓系统思维，就是运用系统论观点，对对象的互相联系的各个方面及其结构和功能进行系统认识的一种思维方法。

从中西传统的思维方式来说，中国传统文化本身就强调系统思维方式，它着眼于事物的整体性、动态过程、关系、功能等。西方传统思维方式更强调从静态的、微观的角度去研究事物本体，往往把事物分解成若干部分，抽象出最简单的因素，然后再以部分的性质去说明复杂事物。这种思维方式在20世纪科技发展和人类经济社会日趋复杂多元的环境中已经无法完成任务。因此，西方在20世纪陆续发展出系统论、控制论和信息论，其中系统论提出了系统的概念和一般规律，为控制论和信息论提供了理论基础和理论框架。

创立了耗散结构理论的比利时物理化学家普利高津说：“中国传统的学术思想着重于研究整体性和自发性，研究协调和协合，现代新科学的发展，近些年物理和数学的研究，如托姆的突变理论、重正化群、分支点理论等，都更符合中国的科学思想。”

创建协同学的德国物理学家哈肯也指出：“事实上，对自然的整体

理解是中国哲学的一个核心部分。在我看来，这一点在西方文化中未获得足够的考虑。”

在系统思维方式中，整体性原则是核心。这一原则要求我们无论干什么都要立足整体，从整体与部分、整体与环境的相互作用中来认识和把握整体。

事实上，中国人自古就有系统思维方式，中国人考虑问题往往遵循整体性原则。在王阳明被朝廷委派巡抚南（安）、赣（州）、汀（州）、漳（州）时，他的解决思路就是系统思维方式。不仅如此，他还将这些思维方式进一步提炼为“破山中贼易，破心中贼难”，用一种大道至简的方式创造性解决难题。

王阳明到了湘赣闽粤交界地区后，通过实地调查，发现这些地区之所以反复出现匪患，原因是多方面的，既有地方官员贪腐昏聩、横征暴敛，导致官逼民反，也有这些地区经济社会文化水平低，未能形成良好社会秩序及社会风尚，还有基层组织建设缺失，基层社会治理水平低下等问题。王阳明将这些问题联系起来分析研判后，提出了综合治理方案。在此基础上，王阳明进一步提出“破山中贼易，破心中贼难”，意思是，要想根本解决国家和社会治理问题，绝不能头痛医头、脚痛医脚，而应当从根本上解决问题。这一根本解决问题的方略，正是心学的核心理念：无论是政府官员还是平民百姓，通过教育引导他们学习，激发他们的内在良知，使他们为官时勤政为民、忠于职守，做百姓时遵纪守法、与人和谐相处，这样就实现了“人皆可以为尧舜”的目标。

毫无疑问，王阳明心学是先秦儒家思想在明朝的全新发展，闪烁着儒家思想一贯的理想主义光芒；而在实际工作中，由于其将儒、法、道、兵、佛等各家思想融会贯通，获得了显著的成功。

2. 综合治理模式

解决匪患、内乱，仅靠军事暴力手段是不行的，必须同时依靠政治、心理、教育、基层组织建设、乡规民约及基层自治等治理手段。

王阳明巡抚南（安）、赣（州）、汀（州）、漳（州）最开始的一年多时间里，应用法家、兵家手段，通过实施十家牌法、心理战、军事打击等手段，陆续解决了为患十余年的民变问题。但王阳明深知，这些地区的匪患产生有其复杂原因，除了实施强硬的军事手段外，还必须配套实施综合治理手段，才能从根本上解决问题。

首先，他向朝廷建议，在匪患严重的地区分别设立福建平和县、江西崇义县、广东和平县，加强政权建设。其次，他重视教育，通过设立教育机构，培养社会好学向善风尚，使儒家教育引导理念有落地实施的抓手。为推广社学，他颁发了十余道牌谕，重修了濂溪书院，创办了阳明书院，兴建了 16 所书院。再次，他广泛推行《南赣乡约》，将基层组织治理落实到了中国农村最基本的单位——乡村。

中国传统的政府管理一般只到县一级，县以下的社会治理主要依靠乡村中的士绅等社会精英以及乡村社会中形成的乡规民约来推行。最早的成文民间乡规民约是北宋神宗时期吕氏兄弟订立的《蓝田吕氏乡约》，村民自愿入约，接受约束。南宋朱熹发现了这个乡约，将其编写为《增损吕氏乡约》，使其声名鹊起。王阳明在赣州推行《南赣乡约》就是受到《吕氏乡约》的启发，他以政府官员的身份，亲自撰写并推行《南赣乡约》，这样就使基层社会治理有了可以操作的制度，同时将中国自古以来的基层社会自治传统有效激活。

第二节　王阳明心学思想赋能现代领导力提升

一、知行合一、致良知与价值观引领力

王阳明心学在领导力方面首先体现为价值观引领力。王阳明心学中知行合一和致良知的思想所强调的，就是作为领导者首先要严以律己，用儒家理想主义思想修炼自己的心性品格，然后再用这种思想去教育、引导核心团队成员以及全体下属。

山东潍坊的国企领导人谭旭光的国企领导经历，可以让我们看到王阳明价值观引领力在现代企业经营管理中的力量。

谭旭光 1961 年出生，16 岁进入潍坊柴油机厂（潍柴集团前身）工作，从最基层的岗位干起，将濒临倒闭的地方国企做成上市公司，并重组下游企业甚至重组原来的上级企业，都获得了成功。谭旭光成功的原因很多，拥有价值观引领力是最突出的一个。

1998 年，潍坊柴油机厂由于种种原因，经营陷入困境。账面资金仅有 6 万元，而债务却高达 3 亿元。企业不仅拖欠 1.36 万名员工长达半年的工资，还拖欠了水电公司一年以上的水电费。1.36 万人的大企业，一线工人还不足 5000 人。

就在这个时候，37 岁的谭旭光被上级任命为厂长。谭旭光被上级看中，一是他是厂里 20 多年的员工，对工厂熟悉，也有感情；二是谭旭光有胆魄，有能力。

谭旭光非常清楚，潍坊柴油机厂这样的老国企有着传统国企固有的种种弊端：机构重叠、人浮于事、机关干部多而一线工人少、缺乏有效的奖惩制度和激励机制……

谭旭光一上任，就把第一把火烧向了厂里的党员领导干部，提出了“约法三章”：坚持原则，敢抓敢管，不做老好人，不当太平官；扑

下身子，真抓实干，为企业干实事，为职工办好事；以身作则，清正廉洁，要求职工做到的我们首先做到，不允许职工做的我们坚决不做。

谭旭光十分清楚，思想政治工作是突出的政治优势，如果能将这种优势在市场经济条件下激活，与市场化经营管理手段有机结合，就可以带来勃勃生机。

谭旭光提出“约法三章”后，马上瞄准传统国企体制机制方面的弊端。1999 年，潍坊柴油机厂启动人事、劳动用工、分配三项制度改革，建立起“干部能上能下、人员能进能出、工资能高能低”的市场化机制。

这些举措引起了不少反对之声。谭旭光上任当日，就有人用火烧铸造线的方式来“敲打”他；在人事改革会议上，有干部拍桌子骂娘；减薪政策引发更多不满，不少员工跑到厂区哭闹。谭旭光耐心地解释、劝导，逐渐化解这些阻力，同时，坚定推进改革。三项制度改革成果是，潍坊柴油机厂直属单位从 53 个减到 12 个（“十部一室一中心”），干部由 750 人减到 219 人，在岗职工总数由 1.36 万人减至 8000 人。

1999 年下半年，潍坊柴油机厂确立了“三三制”产权改革的总体改制思路，核心内容是：1/3 的资产和职工随高速机主营业务剥离出来，成立潍柴动力，建立现代企业制度，目标是上市融资，成为股份制企业，迅速做大做强；1/3 的原中速机业务和职工留在国企潍柴集团，形成中速机生产基地；剩余的 1/3 零部件生产厂和企业办社会职能，根据国家政策或带资分流，或推向社会。

2002 年，通过混改成立的潍柴动力，国有股比例降到 40%，境内外战略合作伙伴和行业主导客户等多元化战略股东持股 53%，管理团队等核心人员通过股权激励持股 7%。2004 年，潍柴动力在香港上市，走上了资本国际化道路。

此后，潍柴集团通过一系列国内外并购，全面掌握商用车、工程机械、农业装备三大动力总成核心技术，从单一发动机企业，发展为业务覆盖动力总成、工程机械、智能物流等的多元化集团，站在了全球产业链的高端。

由于谭旭光领导能力强，潍柴集团发展态势良好，2009 年，山东省政府决定，由潍柴控股集团、山东工程机械集团和山东省汽车工业集团等组建山东重工集团，谭旭光任党委书记、董事长。2018 年 9 月，中国重型汽车集团有限公司（简称中国重汽）和山东重工集团有限公司（简称山东重工）重组，谭旭光担任两个集团的党委书记、董事长。2019 年 10 月，在山东重工领导干部会议上，董事长谭旭光正式通报了山东重工与中国重汽重组的最新进展，中国重汽已成为山东重工的二级公司，领导班子、党员干部已移交山东重工管理。

潍坊柴油机厂原本是中国重汽的下属工厂，2006 年独立，2019 年山东重工与中国重汽重组后，谭旭光回归中国重汽。以前是中国重汽下属工厂的一名员工、领导，现在是重组后的一把手，这种成长经历反映着谭旭光领导能力逐年提升。

从 1998 年担任潍坊柴油机厂厂长，到 2019 年担任重组后的山东重工党委书记、董事长，20 多年来，谭旭光将国企党的领导以及思想政治工作优势与现代企业治理体系建设、现代企业经营管理模式进行了有机衔接和融合创新，潍柴集团从一个濒临倒闭的柴油发动机厂发展为中国领先、在全球具有重要影响力的工业装备跨国集团，旗下有上市公司 11 家、全球员工 15.7 万人，产品销往全球 150 多个国家和地区。

这个发展历程离不开上级党政部门的支持和协调，也离不开谭旭光及其团队在战略决策和企业经营管理上的创新，以及科技方面的创新，同时谭旭光及其团队在党建和价值观引领力方面的作用也是成功的关键。

从潍柴到山东重工，谭旭光重视企业价值观引领力的塑造。在20多年的领导生涯中，谭旭光在不同的时间点提出了有针对性的举措，如“约法三章”、“六项准则”、“五做五不做”、领导干部“八不用”、“八个表率”、“四个永葆”等，这些表面上看不同的举措，实质都是对领导团队的要求，都是要求领导者率先垂范，始终保持激情，勇于面对问题、解决问题，勇于创新。2016年谭旭光提出的新常态下领导干部“四个永葆”就可以体现这些特点：永葆危机意识，不断否定自我；永葆创业激情，树立高昂斗志；永葆改革锐气，敢于撞击矛盾；永葆务实作风，坚决执行到位。

如何将这些理念落地？谭旭光的做法是：自己带头，管理团队跟上，现代企业管理制度跟上。做得好的，给予股权、期权、工资、奖金以及行政职务提升等激励；做得不好的，给予相应惩戒。

在率先垂范方面，谭旭光成为管理团队的榜样。为了让更多高管分享企业发展红利，谭旭光提议并带头，潍柴动力24名高管自愿拿出个人部分股份，重新分配，最终使59名管理团队成员获得了股份，使全体管理团队成员有了获得感，凝聚了人心。

谭旭光提出“干就负责，做就到位”的执行文化、“一天当两天半用”的效率文化、“不争第一，就是在混”的激情文化，他身体力行。曾经有一年，谭旭光“飞”了40万公里，在潍坊待了不到一个月，和家人吃饭不到10次，回家只看了两次父母，一次是八月十五，一次是大年三十。1999年10月，谭旭光出差途中遭遇车祸，四根肋骨断裂，在医院住院治疗，但他还是硬挺着去和已经约好的客户谈合作，客户大为感动，第二年就配套了潍柴的发动机。

2018 年 9 月，谭旭光担任中国重汽和山东重工两个集团的党委书记、董事长后，对中国重汽进行重组改革。由于整治腐败、破除铁饭碗，损害了一些人的利益，谭旭光到任中国重汽不到一年，上级部门就接到了上百封针对谭旭光的举报信。

面对压力，谭旭光的回答是："我这个人不怕死，我将骨灰盒放在潍坊，不如放在济南的英雄山上，既然来到重汽我就做好了各种准备。"针对中国重汽的各种问题，谭旭光逐一对症下药，换来了中国重汽的重生：在降本提效方面，仅 2019 年，中国重汽通过各种手段便节省了 50 多亿元；在起用新人方面，"80 后"干部占比从 27.3% 提升至 73.3%；在科技研发方面，2018—2022 年，中国重汽累计研发投入 126 亿元，是前 15 年的总和。

2024 年 7 月，谭旭光卸任山东重工党委书记、董事长、总经理职务，他走完了国企领导人的职业生涯。在他卸任之前，他领导的山东重工交出了一份亮丽的答卷。2024 年一季度，集团实现总收入 1375 亿元，同比增长 15%，利润总额 60 亿元，同比增长 50%。

领军国企 20 余年，谭旭光的感悟是："企业的内核，归根结底是文化，是精神，是基因，只有文化是生生不息的。我的目标就是将中国重汽打造成一支钢铁团队、虎狼之师。"

二、"不动心"与学习能力

王阳明心学的核心就是打造"不动心"，与"不动心"相对应的是王阳明在战略判断和战略战术上的创新。具体在王阳明身上，"不动心"是心性修为的打造，战略判断和战略战术的创新是创新创造能力的体现。从家庭背景和政治军事生涯来看，王阳明自身的智商、情商都异于常人。因此，我们可以得出结论，在王阳明心学领导力体系中，"不动心”的打造与王阳明的智商、情商是相辅相成的关系。也就是说，王阳明在危难不测之中仍能保持“不动心”，固然是长期心性修炼的结果，但同时也是他对当时政治、军事、社会等各方面情况分析研判的结果。而他之所以能够“此心不动，随机而动”，就是因为在内心保持冷静客观的情况下，凭借超出常人的智商、情商，自然能够提出有创新性的战略战术，再配合以强大的组织力、执行力，自然能够获得最终胜利。

因此，对于王阳明的“不动心”，大部分普通人可以着重吸收其心性修为打造方面的精髓，至于能否达到“此心不动，随机而动”，就要看个人的禀赋与机缘了。

但是，在我们研究的一流企业案例中，确实有一位企业领导者在一定程度上达到了“此心不动，随机而动”的境地，他就是字节跳动的创始人张一鸣。

张一鸣创立的抖音现在已经是中国短视频行业的头号公司了，而抖音国际版 TikTok 更受欢迎，根据 2024 年第三方统计，其在美国就有约 1.7 亿用户。美国两任总统特朗普和拜登都曾经对 TikTok 下过“非卖即禁”的最后通牒，但 5 年过去了，TikTok 仍然活着，为全世界十多亿用户所喜爱。

我们回溯张一鸣的创业生涯，会发现在成功创立字节跳动之前，他的创业不能说是失败，但也很难说是成功。2006 年，张一鸣加入酷讯网，负责旅游垂直内容搜索业务；2008 年 9 月，张一鸣以技术合伙人身份加入王兴团队，负责饭否网和海内网搜索业务等；2009 年，张一鸣开始了他的第一次独立创业，创办了垂直房产搜索引擎九九房，但两年后的 2011 年，他辞去九九房首席执行官（CEO）职位。

张一鸣的这五年合伙创业和独立创业，给了他足够的人生磨砺和宝贵的企业管理经验，他的学习能力在这一时期也得到了充分展示，这为他在 2012 年 1 月创立字节跳动积累了重要的基础。

字节跳动 2012 年 8 月推出产品今日头条，2016 年 9 月推出短视频社交平台抖音，2017 年在海外市场推出短视频社交平台 TikTok，依靠这三个产品攻城略地，成为三个产品所在领域的佼佼者。

梳理张一鸣创立的字节跳动 13 年的发展史会发现，整个过程充满艰难，但张一鸣和他的团队都一一承受，并继续前行。

2012 年推出产品今日头条时，张一鸣对新闻版权考虑不够周全，引发了新闻界的抵制。张一鸣反躬自省，最后与各方达成和解方案，使今日头条顺利应对危机。张一鸣更严峻的考验在于 TikTok 的海外运营和风险，作为一个来自中国的短视频社交平台，在世界各国都广受欢迎，肯定会受到各种质疑、限制，也会面临一系列政治、法律问题。如何在逆全球化抬头的国际环境下，让 TikTok 这艘巨舰稳健前行，需要掌舵者非凡的智慧与超强的心理承受能力，也就是我们本章讲的“不动心”。我们的研究表明，张一鸣具备这种“不动心”。

我们除了梳理张一鸣的创业生涯外，也梳理了他的微博以及内部讲话、外部访谈等，可以比较深入全面地认识和理解张一鸣的心性修炼的水平。从 2010 年到 2016 年的几年时间里，张一鸣一共发布了 2000 多条微博，这些微博既涉及创业、企业经营管理、互联网行业发展，还有不少是心性修炼方面的内容，有的甚至就是道家、佛家、心学的内容。从我们梳理的资料看，张一鸣似乎对这些传统思想并没有专门研究过，但能够写出这些心得，说明“英雄所见略同”。

从个性来说，张一鸣是一个高度理性的人，这从他高考时选大学的标准可以看出：综合性大学、靠海、离家远、能看到下雪。而他学习的软件工程专业则将这种高度理性进一步强化。正是这种高度理性，让他专注于企业的核心竞争力，而核心竞争力的打造则来源于对用户的深刻理解和对用户需要的满足，而要满足用户的需要就必须在技术上有过人的创新。这就是字节跳动从今日头条到抖音，再到 TikTok 一路成功的关键。

从个人个性和公司文化看，张一鸣和字节跳动与马化腾和腾讯很类似。从领导风格看，两个人都属于个性低调、重视技术创新的人，公司都有浓厚的工程师文化氛围。张一鸣的创业经历都与他的技术优势有关，他每一次开启新的创业，都是在原有基础上的跳跃，无论是技术还是管理水平。2005 年，张一鸣和他的师兄一起创业，做面向企业的协同办公软件。由于缺少资金和经营管理经验，这次创业未能成功。2006 年，张一鸣加入酷讯网，一年后，晋升为技术委员会主席。因酷讯管理不到位，2008 年，张一鸣跳槽到微软，想看看规范的大公司是怎么管理的，但他只在微软待了半年，再次辞职。2008 年 9 月，他以技术合伙人身份加入王兴团队。2009 年，海纳亚洲投资基金（SIG）的董事总经理王琼找到了张一鸣，邀请他做九九房网站，主打房产搜索，这是张一鸣当年在酷讯开拓的一个业务。2011 年，九九房发展良好，但已经是九九房首席执行官的张一鸣还是决定辞职，寻找更大的发展空间。由于张一鸣当时的眼光太过超前，在相当长一段时间里，能够认识到张一鸣潜力的人并不多。当时，第一个看好他的是王琼，而且在很长一段时间里力挺他的也是王琼。

2011 年是中国移动互联网元年，智能手机硬件、Android 操作系统、应用商店、IM 通信同时出现，信息的分发开始了完全不同的模式。在此之前的门户网站时代，信息是通过编辑进行分发的，编辑是决定信息重要性的关键；而到了移动互联网时代，基于大数据、机器学习和人工智能将成为信息分发的关键，这些技术可以针对用户的爱好、潜在的关注点、习惯等推荐符合用户需要的内容。

2011 年，当绝大多数的普通人刚刚用上智能手机、微信的时候，张一鸣已经看到了几年后的场景，更重要的是，张一鸣当时已经开始了后来他做今日头条、抖音、TikTok 时的远超同行的特殊算法的技术积累。这就是张一鸣的过人之处，也是他创立字节跳动后，面对多种产品屡遭困境却能够冷静沉着应对的底气。

我们来看看张一鸣的微博，从中可以看出他的心境、修为。

> 我特别喜欢在抖音上看在大海中航行的视频。我不是说大家的工作或者生活真有惊涛骇浪般的困难，我想比喻一种心境，不论个人工作和生活中有什么挑战，有什么困难，这些都是外部的。自己能够做到的是外部波澜起伏，内心平静如常。
>
> 人生的本质是追寻自我的提升，包括思想、能力、意志等。这些发展好了，一切随之而来。
>
> 与巨头竞争，最重要的是不要恐慌。保持自己的节奏，不要关心你不可控制的因素。
>
> 一个困扰我们很长时间的技术诡异问题，同事们这两天集中时间、集中精力，分析、求助、排查、尝试，终于解决。想起稻盛和夫说的：用尽全力，异常认真，神明就会来相助。其实神明未必相助，但是你会更接近问题的本质，从而解决问题。
>
> 平常心对待成功和失败，也包括不要错误归因，把外因当作内因，不要把运气当作能力，要找出成功或者失败的真实原因。

我觉得平常心对待竞争对手，第一点是要把竞争当作常态。不要想逃避竞争，竞争也是好事。

有人问我如何突破自己的职业瓶颈，我说：“你的瓶颈就在于你的心。你的心更宽，心态更好，遇到问题将自己拔高一层去看，把你心里的那些小纠结、小疑惑、小算盘、小私心，统统打破，你就没有瓶颈。”

“很奇怪”“很诡异”“太奇怪”，有这些想法说明自己还不懂，而且常常还想把原因归咎于“奇怪”以 release。没有什么太奇怪的东西，仔细去找学习的途径，你常常能找到。

延迟满足感经验：……让自己静止，不要在沟通交流的时候走动、晃动，情绪跳动，思维失去精确控制。

老子说“祸兮福之所倚，福兮祸之所伏”，幸运的时候不要忘形，失意的时候也不要绝望，相信事情总会有转机。

从上述微博中，我们可以体会到一个“80后”创业者在充满风险的创业过程中，将传统的心性修为与现代理念有机融合，打造出属于自己的“不动心”。

三、战略能力与创新能力

战略能力与创新能力是王阳明心学中领导力思想的重要部分，是在王阳明的政治、军事方面的卓越功业中锤炼出来的。在中国近几年的杰出企业家中，具备这种领导力特点的不在少数，世界新能源汽车的领军人物、比亚迪创始人王传福就是其中之一。

王传福1966年出生于安徽无为，1990年从北京有色金属研究总院硕士毕业后留院工作，历任副主任、主任、高级工程师、副教授。1993年任研究院在深圳成立的比格电池有限公司总经理。1995年，王传福发现了一个市场机遇——日本退出镍镉电池生产。王传福硕士阶段的研究方向就是电池，在留院工作后主持了二次充电电池课题研究，引起学术界关注。作为电池专家的王传福认为，当时移动电话正在发展之中，为之配套的电池将有很大的发展空间。而中国具备生产镍镉电池的技术人员，更有丰富的劳动力，选择镍镉电池制造是一个很好的战略方向。

毫无疑问，王传福在1995年的战略判断是对的。可是，1995年的王传福没有创业经历，那个时候的风险投资在中国还不像现在这么普及。王传福最初的资金来源于他的亲戚朋友：一个是他表哥吕向阳，他通过贸易、房地产和金融投资积累了第一桶金，给王传福投资250万元，成为比亚迪第二大个人股东；另一个是夏佐全，给王传福投资了30万元，成为第三大个人股东。

这笔将近300万元的投资就是王传福创业的全部家底，但要想用这笔钱建成一条完整的自动化电池生产线，资金缺口依然很大。王传福考察研究日本生产线后发现，比亚迪只需要引进部分关键设备，其他环节可以拆分成多个固定工序，安排四五十个工人岗位，分别完成点焊、检测、贴标签等工作。这样，比亚迪只花100多万元购买关键设备，就建成了一条日产4000块镍镉电池的生产线，生产成本比日本同行低40%。

王传福的这一举措，毫无疑问是资金不足倒逼的结果，却无意间走出了中国高端制造业低成本发展的一条路径——通过熟练工人与关键设备的有效组合，达到高质量生产的目标。

比亚迪依靠高性价比优势，一路稳健发展。1997年，全球电池厂商因价格大跌陷入亏损泥潭，而比亚迪依靠低成本优势，镍镉电池销售量占到全球接近 40% 的市场份额。

2000 年，比亚迪看好更加清洁、利润更大的锂电池领域，投入巨资研发锂电池，掌握了核心技术，生产成本只有竞争对手的 30%，品质优异，成为摩托罗拉、诺基亚和 TCL 的手机电池供应商。2003 年，比亚迪超过日本三洋，成为全球最大的手机电池生产商。

在王传福创业生涯的第一阶段，他用了 8 年时间，从无到有，将比亚迪发展为世界手机电池第一生产商，这是我国高端制造业兴起的一个缩影。这里，既有战略眼光的超前，也有生产环节和管理的创新，更有技术的创新。仅仅这个成就，对于一个初始创业的人来说，已经很大了。

但就在这个时候，王传福看到了新的市场机会。他要造车。

2001 年 11 月，中国加入世界贸易组织，打破了民营企业进入汽车生产领域的限制，中国汽车市场一片繁荣。吉利、长城等民营车企就是在这之后崛起的。王传福决定进入这一市场，但他的核心目标是制造新能源汽车。确定这一目标的原因，除了比亚迪在充电电池方面的优势可以和新能源车形成互补外，就是他认为，新能源车将是汽车业的未来。

王传福的这一战略判断比 1995 年决定进入电池行业时更具有前瞻性，毕竟造电池和造车差异太大，而预计新能源车会被社会广泛接受，也让人觉得不可思议。因此，当他决定造车时，企业内外一片反对之声。企业内部王传福可以力排众议，而企业外部的反对声王传福只能承受。很多机构投资者打来电话，说“你如果那么做的话，我们要抛掉你的股票！”。王传福在质疑和反对声中，继续追求他的造车梦。

2003 年 1 月，比亚迪以 2.7 亿元收购西安秦川汽车 77% 的股份，宣布正式进军汽车业。消息一经公布，比亚迪股价暴跌，两天内市值蒸发了 30%。但王传福坚持技术投入，在 2008—2009 年相继推出几款新能源车型。由于当时动力电池成本高，充电基础设施不足，这些早期产品未能实现商业化成功。

新能源车业务出师不利，王传福同时发展燃油车业务，其目的是为新能源车提供资金和赢得时间。从 2006 年起，比亚迪陆续开发出了燃油车 F3、F3R、F6，走的仍然是高性价比的路子，取得了成功。

2006 年，比亚迪再次冲击新能源车市场，推出纯电车 F3e，搭载自主研发的铁动力电池 ET-POWER，但因市场条件不成熟而未量产；2008 年，比亚迪推出了全球首款插电式混动车型 F3DM，受限于当时基础设施和消费者接受度，市场表现平平。但这两款车在技术上都尚不成熟，未能获得市场认可。这些尝试短期内未能消除外界对比亚迪新能源战略的质疑。

就在比亚迪新能源车艰难探索之时，国家开始出台政策支持新能源车的发展。2007 年，国家发展和改革委员会制定了《新能源汽车生产准入管理规则》，将新能源汽车确定为中国汽车业未来发展方向；2009 年 1 月，我国启动新能源汽车“十城千辆”的推广工程；2012 年，国务院印发《节能与新能源汽车产业发展规划（2012—2020 年）》；2013 年，财政部颁布了《关于继续开展新能源汽车推广应用工作的通知》，提高对新能源汽车的补贴，引发 2014—2015 年我国新能源汽车的爆发式发展。

在这样的背景下，王传福决定转向商用车方向，面向客车、货车、出租车等应用场景。2010 年，比亚迪研制出了首款纯电动大巴 K9，在深圳率先投入使用。2011 年，比亚迪推出纯电出租车 E6，并在全国投入使用。2013 年，比亚迪提出了“7+4”全市场战略，“7”指的是城市公交、出租车、道路客运、城市商品物流、城市建筑物流、环卫车、私家车，“4”指的是仓储、矿山、机场、港口，这一战略布局几乎覆盖了所有的用车场景，使比亚迪平安渡过了新能源车在早期市场培育和开拓中面临的考验。公交车及仓储、矿山、机场、港口等货车行驶路线固定，充电网络容易建设，而出租车、公交车、道路客车等载客量大，也为私家车电动化起到了示范作用。

可以说，从 2008 年到 2015 年，王传福的新能源车真正赶上了天时地利人和的良好机遇，但王传福早在 2003 年就布局新能源车的战略前瞻，是上述政策在比亚迪发展中产生巨大推动作用的内在原因。

值得一说的是，就在这一时期，王传福得到了股神巴菲特的青睐。2008 年 9 月，巴菲特出资 2.3 亿美元买下了比亚迪 10% 的股票。巴菲特是以价值投资著称的股票投资者，他的投资以稳健、回报高为特征。在投资比亚迪之前，他的搭档查理 · 芒格在见过王传福后曾说过："他简直就是爱迪生和韦尔奇的混合体，既是出色的发明家，又是个伟大的企业家。"为了确证王传福和比亚迪的实际情况，巴菲特专门派人去考察王传福及比亚迪，获得了第一手资料。巴菲特对比亚迪的投资，基于三个信心：对王传福的信心、对新能源的信心、对中国汽车业的信心。2010 年 9 月 27 日，巴菲特与其合伙人芒格等 10 人进行了为期 4 天的"中国行"，除了 9 月 29 日参加比尔 · 盖茨在北京举办的慈善晚宴外，所有的行程都与比亚迪有关，包括为比亚迪和南方电网的合作站台、助阵比亚迪 M6 发布仪式、出席比亚迪援助西藏的慈善捐赠仪式、到长沙参观比亚迪基地、给比亚迪的优秀经销商颁奖等。巴菲特的这一投资无疑是成功的，从 2008 年以 2.3 亿美金买入，到 2022 年后以 80 亿美金以上变现，巴菲特持有比亚迪股票 14 年，增值 30 多倍，年复合收益率达 25% 以上。2023 年 Daily Journal 股东会上，芒格说："比亚迪是我为伯克希尔做出的最大贡献。我也就做了这一个比较大的贡献……比亚迪这样的机会不常有，我们一辈子只做了一次。"

作为电池专家，王传福领导的比亚迪有着浓厚的工程师文化，持续的技术创新是比亚迪远超同行的底气。自 2011 年 6 月比亚迪上市以来，财报显示，过去 14 年里，比亚迪的研发投入有 13 年都远超同期净利润，有时候甚至是同期净利润的几倍。截至 2025 年一季度，比亚迪已投入研发费用约 1900 亿元，技术研发人员约 12 万人，是全球研发人员最多的车企之一。

正是在这样的资金和研发人员的投入下，比亚迪在新能源汽车的技术上始终处于领先地位。近年来，比亚迪呈现“技术大爆发”态势，陆续推出了刀片电池、易四方、天神之眼、云辇、璇玑架构、第五代 DM、超级 e 平台、闪充电池等突破性技术。也正因如此，比亚迪在国内外新能源车市场上都交出了亮丽业绩。

2024 年，比亚迪新能源汽车全年累计销量达到 427.21 万辆，同比增长 41.26%。其中出口 43.3 万辆，同比增长 71.8%。比亚迪斩获三项冠军：车企销量全国第一，品牌销量全国第一，全球新能源市场销量第一。

四、团队建设与组织力、执行力

在王阳明心学的领导力思想中，团队建设与组织力、执行力是儒、法、兵等各家思想融合的结果，以儒家的思想引领力为核心，配合以法家和兵家的制度化管理，根据具体情况综合使用思想引导、基层组织建设、乡规民约等手段，使团队建设与组织力、执行力达到最佳状态。

对于现代企业而言，我们要思考的是，如何招聘优秀员工，如何组建管理团队，如何让企业保持强劲有力的竞争态势，如何使团队建设与组织力、执行力保持最佳状态。

字节跳动做了有益的探索，并取得了较好的效果。从营业收入看，字节跳动从2015年的16亿元跃升到2023年的8600亿元，年均复合增长率超过100%。

张一鸣在字节跳动创业之初，就十分重视员工的招聘工作。他从谷歌、奈飞等世界一流互联网企业的发展经验中汲取有益成分，在招聘时特别注重未来员工的创新创造潜力、自我驱动潜力。

今日头条是字节跳动后来发展的基础，而这一基础包括算法技术创新、人才队伍建设、企业文化建设、管理模式创新等。张一鸣通过一流人才的招聘和使用把这一基础建立起来。

这一时期的前100号员工的招聘，张一鸣亲自把关。和候选人谈话时，他既讲愿景，向候选人展示公司未来将发展到什么程度、什么地位，同时讲清候选人将会获得什么样的利益，既包括目前较高的薪酬，也包括未来不同阶段可以分配到的期权。在字节跳动创立的最初阶段，张一鸣在一定程度上成了公司的首席人力资源官。张一鸣的目标就是，把中国最优秀的互联网相关人才聚集到他旗下，用价值观、愿景和利益把这些优秀人才凝聚在共同的事业中。

随着公司发展，张一鸣发现自己亲力亲为做招聘已经无法满足公司需求了。2016年，字节跳动在HR部门成立了招聘中台，用张一鸣自己的话来说，"类似于建一个内部的猎头公司"。这个招聘中台的目标是搭建一个能够穷尽全国优秀人才的简历库，帮助各业务部门统一做批量化招聘，以及技术、研发等重要且人员紧缺的岗位招聘。2017年，字节跳动收购了猎头公司OfferCome，其创始人魏小康也随之加入字节跳动，并担任招聘中台负责人。魏小康上任后，制作了应届生人才地图，梳理出了全国最顶尖的20所大学的所有核心专业，对一线HR们的工作要求是：重点院校的重点专业本科学生触达率要在80%以上，硕士触达率在90%以上。

依靠这种强有力的工作方式，字节跳动只花了 8 年时间，从创业之初的少数几人，发展到 2020 年的 10 万人。更重要的是，这 10 万人是精选出来的。

优秀人才招来后，张一鸣的管理办法是愿景驱动、自驱管理。字节跳动认为，优秀人才在愿景足够远大、清晰的情况下，会朝着既定的方向将目标具体化，会自我成长。为了激励这些优秀人才自我驱动、自我成长，字节跳动实行双月绩效考核，每个绩效周期开始时，全体员工都要填写对多数人公开的 OKR 并制定双月目标。

OKR（Objectives and Key Results）就是目标与关键成果法，是一套明确和跟踪目标及其完成情况的管理工具和方法。

从管理思想来说，OKR 来源于德鲁克 1954 年首版的《管理的实践》第 11 章“目标管理与自我控制”。在这一章里，德鲁克指出：

> 企业需要的管理原则，是能让个人充分发挥特长，凝聚共同的愿景和一致的努力方向，建立团队合作，调和个人目标和共同福祉的原则。
>
> 目标管理和自我控制是唯一能做到这点的管理原则，能让追求共同福祉成为每位管理者的目标，以更严格、更精确和更有效的内部控制取代外部控制。……他不再只是听命行事，而是自己决定必须这么做。换句话说，他以自由人的身份采取行动。

从这段阐述里我们可以看到，德鲁克已经触及企业愿景、价值观、团队建设、企业文化等问题，但这一思想在问世后 20 多年里并未得到充分认识和有效践行。直到二十世纪七八十年代，企业文化理论在总结日本等国企业经营管理经验的基础上形成并广泛传播。而就在 20 世纪 80 年代，英特尔 CEO 安迪·格鲁夫将德鲁克的目标管理思想转化为 IMBO（Intel Management by Objective），也就是英特尔目标管理体系，成为后来大名鼎鼎的 OKR 的雏形。后来谷歌将这一方法进一步完善，就成为现在广为人知的 OKR。

OKR 的实质，就是将宏大的愿景具体化为关键指标，也就是将看上去有点儿虚幻的东西数量化、规范化，可以进行测评、考核。这是一个针对由有奋斗精神和创业精神，有创新力，身体和心理足够坚韧，足够抗疲劳、抗打击、抗压力的员工所组成的团队的管理办法，这种企业一般是高科技企业，员工属于知识型员工，有良好的价值观、企业愿景、使命感，愿意也能够不断自我加压，勇于自我更新、自我超越、提高能力。

字节跳动在引进 OKR 的同时，也在塑造自己的企业文化，这就是“字节范儿”：追求极致、务实敢为、开放谦逊、坦诚清晰、始终创业、多元兼容。这种文化有着鲜明的科技创新企业印记，也有着中国“80 后”“90 后”注重开放平等的特点。同时，由于字节跳动所拥有的技术具有极强的竞争力，所选择的赛道具有较大的发展空间，字节跳动的 OKR 管理模式和“字节范儿”有很高的匹配度。到目前为止，这一管理模式的潜力得到了充分发挥，由此带来了公司的飞速发展。

在这一时期，字节跳动没有设计固定的年度调薪机制、晋升机制以及完善的职级体系，而是通过业务发展、良好的业绩来培养人才，优秀人才得以晋升。字节跳动的高管团队呈现年轻化特征，如前抖音集团 CEO 张楠（“85 后”）、现任负责人韩尚佑（“90 后”）等，这些榜样激励了更多的年轻人努力拼搏。

【总结】王阳明心学的领导力思想，因其对中国传统领导力思想集大成的特点，对我国当下的企业经营管理具有很高的借鉴价值。在我国基本实现工业化、全面建成小康社会后，王阳明心学打造“不动心”的核心理念有了更加可行的现实条件。本章我们分析的企业案例中，既有传统国企，也有新能源汽车企业，还有互联网企业，它们都从不同的角度践行了王阳明心学领导力思想，探索出了现代环境中企业领导力的新模式。

结　语

通过上面八章，我们对中国传统重要思想流派中的领导力思想进行了系统梳理。通过这些梳理我们发现，传统文化各家思想中的领导力思想有共同的特征，互相联系，互相影响，同时又各有特点，有相对的独立性。

从整个中国思想史的角度看，中国传统文化各家思想中的领导力思想总体趋势是走向融合的。中国传统文化中的领导力思想从《易经》发端，经过春秋战国时期分化为儒、道、法、兵等各家思想，从不同的角度适应“道术将为天下裂”的历史进程。东汉时期，我国思想界开始接受来自印度的佛家思想，并在此后600多年时间里逐渐将其吸收消化。上述的这些思想体系经过长期的相互竞争与相互吸收，在唐宋时期产生创新的思想体系，儒学的创新体系是理学，佛学的创新体系是禅宗，在思维方式和思想内容上，它们都吸收了不同思想流派的优点，使自身的思想体系或者更加精密宏大，如理学，或者更加精巧而又大道至简、大俗大雅，如禅宗。

中国传统文化中领导力思想的集大成者是王阳明心学。王阳明心学从哲学上说属于儒学创新，或者说是对理学创新的再度创新。仅就王阳明心学的哲学思想来说，我们可以从中梳理出先秦儒家、理学、禅宗、道家的因素；但我们在本书中探讨的王阳明领导力思想，包括他在明朝正德、嘉靖时期在政治、军事活动中体现出来的领导力思想，而这些思想有着鲜明的兵家、法家成分。当然，王阳明领导力思想中的这些兵家、法家成分是在儒家价值观引领力的总体思想背景下展示出来的，既在现实政治军事层面补充儒家思想的不足，又受到儒家思想的制约。这些特点体现出王阳明心学领导力思想的融合性与创新性。

值得自豪的是，在中国数千年的历史中，依靠传统文化中的领导力思想，涌现出了很多杰出的领导者。在本书中，我们重点分析了晋文公、汉文帝、唐太宗、王阳明四位政治家，前三位分别代表着雏形期法家、黄老之学（道家）、儒家领导力思想的理想状态，而王阳明本人是儒、法、道、兵各家思想融合的典型，他集传统文化中的领导力思想之大成，又为现代的中国领导力思想提供创新的起点和契机。

我们在本书中之所以重点分析晋文公、汉文帝、唐太宗及王阳明，是因为他们四人的领导力思想和领导行为，即使在现代社会中也毫不过时。他们领导力思想中的平等、开放、创新，对民生的重视、对生命的珍视，都与现代社会理念、现代社会理想相通相融。我们今天讲对中华优秀传统文化进行创造性转化和创新性发展，就包括对历史上优秀领导者的优秀领导品质进行总结梳理，找到其与我们当代社会血脉相通、息息相关的成分，将之吸收并转化升华为现代领导力思想。

对中国传统文化中的领导力思想进行总结梳理，是为将它们转化为现代领导力思想做的一个基础性工作。在总结梳理中，我们时刻坚持这一原则：第一，取其精华，去其糟粕；第二，重点放在中华优秀传统文化中现代领导力思想的创造性转化和创新性发展这一工作上。

在中华优秀传统文化中现代领导力思想的创造性转化和创新性发展的研究中，我们将目光集中在改革开放以来40多年的现代管理实践中，以企业经营管理为主，也会涉及一些政府管理、基层组织治理的成功典型案例。

在对现代领导行为和领导力思想的梳理与总结中，我们深刻体会到，传统文化如空气一般存在于我们现实生活的各个方面，我们通过日常生活、学习、工作，学习吸收着传统文化的各种成分，也通过我们的创新创造，时刻激活、更新和重塑着这些传统的东西。我们的学习、吸收和激活、更新如同我们每时每日的呼吸饮水一般，“日用而不知”，但永不停息。

在我们选取的企业案例中：既有国企的案例，也有民企的案例；既有从事传统行业的，也有从事高新科技创新创业的；既有大型企业，也有中小企业。不管是哪一类企业，在领导力风格上，开放、平等、创新都是共同的特点。

执掌过 4 家世界 500 强企业，主导了华润集团变革、中粮集团转型、中化集团与中国化工重组的宁高宁，在 35 年的职业生涯和管理实战中，提出了“五步组合论”“6S 管理”“战略十步法”“价值管理四要素”等实践性很强的管理思想和理论方法。这些思想中贯穿的系统思维方式，既是西方现代系统论思想的精髓，也是中国传统文化的精髓。宁高宁的创新在于，将中国传统文化中系统思维的优势与现代企业经营管理的具体手段、方法、工具做了有机融合，使中国传统文化的核心精神在现代企业经营管理场景中落地并创新发展。

山东豪迈集团的企业文化是儒家文化的现代创新版。豪迈集团的三个共同体指的是利益共同体、事业共同体和精神共同体，这三个共同体实际上就是儒家“己欲立而立人，己欲达而达人”理念和絜矩之道在现代企业经营管理中的创造性转化与创新性发展。三个共同体是具有鲜明豪迈特色的企业治理结构，而其核心则是张恭运对人性、人情的深刻洞察和顺势而为。他将传统文化对于人性的深刻洞察创造性地与现代企业经营管理联系起来，创造出高效的企业治理结构。

美的的现代企业治理制度和激励机制的建立当然与西方现代企业制

度有关，但也并非完全出自西方，我们在春秋中期晋文公及其团队的成功案例中已经看到了先例。和很多领导人取得成功后很快进入“其兴也勃，其亡也忽”的通道不同，晋文公仅在晋国当政9年，就开创了晋国此后长达百年的霸业，与齐桓公并称“齐桓晋文”或“桓文”，被司马迁称为“古所谓明君”。

晋文公在领导力方面最重要的成就就是打造一个上下齐心、能创造性解决难题的领导团队。在晋文公流亡的19年时间里，核心团队成员一直团结在他周围，不离不弃。晋文公及其团队以一种中和的方式，将儒、道、法的优势做了有机融合，由此产生卓越的竞争力。晋文公与其团队真正做到了君臣相得、相互成就。仅这一点，就值得我们两千多年后的现代人深思、挖掘。

美的集团创始人何享健或许没有关注过晋文公及其团队的领导力实践，但何享健所主导的现代企业治理制度和激励机制的建立，与晋文公及其团队的领导力实践在基本逻辑上是完全一致的。

禅宗思想在中国思想史上的重要性在于，它将原本艰深晦涩的印度佛学以一种大道至简、直指人心的方式向最底层的民众普及，任继愈先生将六祖慧能创立的南宗禅称为“农民禅”，就是针对南宗禅的平民性而言的。抓住事物的核心，以直观简洁的方式思考问题、解决问题，本是中国传统文化的优势，到了慧能这里，则用这种思维方式去理解、消化印度佛学的根本宗旨，然后将其与儒家心性修为思想、道家直觉顿悟思想融合，打造出升级版的大道至简的思想创新体系。

慧能的思想创新体系，最初的受众主要是文化水平不高的底层民众，但随着禅宗的广泛传播，士大夫阶层也欣然接受这一创新体系。根本原因就在于，中华优秀传统文化最关注的不是纯粹理论探讨，而是解决实际问题。慧能的思想创新体系完美地符合这一要求，而且简便易学。

在中国改革开放以来的企业创新中，很多企业的创新都是面向民众的，这些企业因此取得了巨大成功，由此成为行业领军者。拼多多市值一度超过阿里巴巴，靠的就是对全世界低消费群体消费心理的深刻洞察和有效回应。

中国从春秋战国时期就已经将贵族制度基本破坏，虽然在魏晋南北朝时期出现过九品中正制、东晋门阀制度等贵族制度回潮，但中国古代社会总的趋势是向平民化方向发展，这一趋势在唐朝安史之乱后基本完成。平民化社会与现代社会的平等、开放、自由、创新有着内在联系，而慧能及其禅宗在唐高宗、武则天时期的出现，则是安史之乱后平民化社会全面实现的先声。而事实上，禅宗的大规模流行确实是在这前后。

因此，我们在梳理中国近几年的企业创新时会发现一个现象，不管是从事传统行业的，还是从事高科技行业的，都密切关注用户特别是草根用户的需求变化，提供高性价比的产品和服务，从而在高度竞争的环境中依然能够胜出。餐饮业的南城香、中式点心业的泸溪河如此，汽车行业的比亚迪，高科技行业的华为、宇树科技、深度求索也是如此，而游戏产业的游戏科学、动画片领域的饺子同样如此。

王传福 1995 年创办比亚迪的时候，只有不到 300 万元的资金，根本无法引进自动生产线。在考察完该设备后，他反复研究，想出了“人工 + 关键设备”的办法，创造性地解决了资金严重不足情况下的生产问题，也奠定了此后比亚迪产品高性价比的模式。深度求索公司在开发大语言模型时，受美国芯片出口管制政策限制，只能获得数量不多的英伟达 H800 GPU。在这种不利的环境下，梁文锋和他的团队通过算法创新以及硬件利用效率的极致提升，实现了 AI 性能的惊人飞跃，DeepSeek 因此被称为“AI 界的拼多多”。

更重要的是，中国传统文化具有深厚的“仁爱”“和而不同”“天下大同”等思想，这些思想不仅在企业的国内发展中有着重要价值，在当今世界日益多极化、地缘冲突此起彼伏、经济社会发展失衡加剧、逆全球化抬头的背景下，这些思想的践行也有助于中国企业在激烈竞争的市场中占据领先地位。2024 年前后，以深度求索等为代表的中国大语言模型技术快速迭代，部分模型通过开源策略积极参与全球 AI 生态建设，推动技术共享的潮流。尽管地缘竞争仍在持续，但开源社区逐渐成为跨国协作的重要平台，为人工智能的普惠发展提供了新范式。

在本书中，我们用了一定的篇幅对“80 后”和“90 后”的企业领导者做了研究，他们都在与高科技相关的产业中发展，包括创立字节跳动的张一鸣、创立游戏科学的冯骥、创立深度求索的梁文锋、创立宇树科技的王兴兴、编导了动画片《哪吒》的饺子。他们有共通之处，那就是既有鲜明的传统文化意味，又有强烈的现代科技范儿，在领导企业中都受到现代企业经营管理理念的影响。

张一鸣是年轻一代企业家的代表，他的成功在某种程度上也是中国传统领导力思想在年轻一代中转化为现代领导力的体现。张一鸣的字节跳动开办于 2012 年，仅仅 12 年后的 2024 年，字节跳动的营业收入已经超万亿元，超过了中国高科技企业华为。更重要的是，字节跳动旗下的 TikTok 平台在全世界受到十多亿用户的欢迎。

张一鸣的成功，在一定程度上是其过人的战略前瞻、战略定力、创新能力，以及超强的团队建设能力、组织力、执行力高效结合的结果。

中国的领导力思想在明朝中期的王阳明心学中达到了集大成的水平。王阳明心学领导力思想的核心是打造“不动心”，也就是在各种艰难苦恨、险滩暗礁、幽微莫测的环境中，始终保持内心的宁静、平和、理性，达到“此心不动，随机而动”的境界，提出创新性的战略战术，再配合以有力的组织力、执行力，赢得最终胜利。

张一鸣创业 13 年，在某种程度上就是践行“不动心”理念的 13 年。“平常心对待成功和失败，也包括不要错误归因，把外因当作内因，不要把运气当作能力，要找出成功或失败的真实原因。”“我觉得用平常心对待竞争对手，第一点是要把竞争当作常态。不要想逃避竞争，竞争也是好事。”“有人问我如何突破自己的职业瓶颈，我说：你的瓶颈就在于你的心。你的心更宽，心态更好，遇到问题将自己拔高一层去看问题，把你心里的那些小纠结、小疑惑、小算盘、小私心统统打破，你就没有瓶颈。”“老子说‘祸兮福之所倚，福兮祸之所伏’，幸运的时候不要忘形，失意的时候也不要绝望，相信事情总会有转机。”这些感悟清晰地体现着中华优秀传统文化中的道家、禅宗、心学对“80 后”张一鸣的深刻影响，而这些思想也成功地转化为字节跳动的企业文化。

在中国式现代化建设中，国企具有重大作用，是我们党执政兴国的重要支柱和依靠力量。本书专门选取了宁高宁和谭旭光两位国企领导者，分析研究他们领导国企发展壮大的经验和做法。宁高宁的领导力思想前面已经介绍过了，这里略谈一下谭旭光的国企领导力创新实践。

国企在企业经营管理上既有与民企相同的地方，也有自己的特点，如何将国企的优势与现代企业治理体制机制的建设有机融合，实现国有资本保值增值，做大做强国有企业，是摆在每个国企领导者面前的一个亟待解决的难题。

谭旭光在 1998 年被任命为潍坊柴油机厂厂长时，企业已经负债累累。面对这种困境，谭旭光将国企注重思想政治工作的优势充分发挥出来，提出“约法三章”，以身作则，真抓实干。同时启动人事、劳动用工、分配三项制度改革，建立起“干部能上能下、人员能进能出、工资能高能低”的市场化机制。可以说，将国企注重思想政治工作的优势与市场化企业经营管理的体制机制有机结合，是谭旭光在国企改革创新中成功的根本原因。

从潍柴到山东重工，谭旭光重视企业价值观引领力的塑造。在 20 多年的领导生涯中，谭旭光在不同的时间点提出了有针对性的举措，如“约法三章”、“六项准则”、“五做五不做”、领导干部“八不用”、“八个表率”、“四个永葆”等，这些举措都是要求领导者率先垂范，始终保持激情，勇于面对问题、解决问题，勇于创新。这些理念之所以能落地，是因为谭旭光自己带头，管理团队跟上。同时，现代企业管理制度落实到位，做得好的，给予股权、期权、工资、奖金以及行政职务晋升等激励，做得不好的则给予相应惩戒。

“雄关漫道真如铁，而今迈步从头越。”中华优秀传统文化的领导力思想经历了几千年历史考验，它的博大精深、泽惠后人已被证明。改革开放以来，我国的企业领导者将中华优秀传统文化的领导力思想与现代企业经营管理有机融合，在现代企业领导力建设方面做出了一系列全新探索，为我国现代领导力体系的成熟做出了重要贡献。我们也相信，未来将会有更多的中国企业家在现代领导力方面贡献更多的智慧。

参考资料

［1］ 尚书［M］. 王世舜，王翠叶，译注. 北京：中华书局，2011.
［2］ 傅佩荣. 傅佩荣解读易经［M］. 上海：上海三联书店，2007.
［3］ 傅佩荣. 傅佩荣译解大学中庸［M］. 北京：东方出版社，2012.
［4］ 杨伯峻. 论语译注［M］. 北京：中华书局，1980.
［5］ 杨伯峻. 孟子译注［M］. 北京：中华书局，1960.
［6］ 荀子［M］. 方勇，李波，译注. 北京：中华书局，2011.
［7］ 陈鼓应. 老子注译及评介［M］. 北京：中华书局，1984.
［8］ 陈鼓应. 庄子今注今译［M］. 北京：中华书局，1983.
［9］ 陈鼓应，赵建伟. 周易今注今译［M］. 北京：商务印书馆，2005.
［10］张觉. 韩非子译注［M］. 上海：上海古籍出版社，2007.
［11］贞观政要［M］. 骈宇骞，齐立洁，李欣，译注. 北京：中华书局，2009.
［12］黎靖德. 朱子语类［M］. 北京：中华书局，1986.
［13］朱熹. 朱子全书［M］. 上海：上海古籍出版社，合肥：安徽教育出版社，2002.
［14］邓艾民. 传习录注疏［M］. 上海：上海古籍出版社，2015.
［15］王守仁. 王阳明全集［M］. 上海：上海古籍出版社，2011.
［16］郭化若. 孙子兵法译注［M］. 上海：上海古籍出版社，2007.
［17］金刚经・心经［M］. 陈秋平，译注. 北京：中华书局，2010.
［18］郭朋. 坛经校释［M］. 北京：中华书局，1983.
［19］曾国藩. 曾文正公嘉言钞［M］. 昆明：云南人民出版社，2016.
［20］曾国藩. 曾文正公家书［M］. 北京：中国书店，2011.
［21］曾国藩. 曾文正公家训［M］. 北京：中国书店，2011.
［22］冯友兰. 中国哲学简史［M］. 北京：北京大学出版社，1997.
［23］冯友兰. 冯友兰文选［M］. 上海：上海远东出版社，1995.

[24] 李泽厚. 中国古代思想史论 [M]. 北京：人民出版社，1985.
[25] 李泽厚. 中国近代思想史论 [M]. 北京：人民出版社，1979.
[26] 李泽厚. 中国现代思想史论 [M]. 北京：人民出版社，1987.
[27] 陈鼓应. 易传与道家思想 [M]. 北京：生活·读书·新知三联书店，1996.
[28] 余敦康. 易学今夕 [M]. 桂林：广西师范大学出版社，2005.
[29] 余敦康. 周易现代解读 [M]. 北京：华夏出版社，2006.
[30] 张建启，莫林虎.《周易》智慧与战略思维 [M]. 北京：人民出版社，2015.
[31] 莫林虎. 谋道：打造一流企业的十堂国学课 [M]. 北京：企业管理出版社，2018.
[32] 莫林虎. 儒家文化积极因子赋能：杰出企业的答卷 [M]. 北京：企业管理出版社，2024.
[33] 张卫红. 由凡至圣：阳明心学工夫散论 [M]. 北京：生活·读书·新知三联书店，2016.
[34] 宫玉振. 善战者说：孙子兵法与取胜法则十二讲 [M]. 北京：中信出版集团，2020.
[35] 宫玉振. 曾国藩领导力十二讲 [M]. 北京：北京大学出版社，2018.
[36] 宫玉振. 管理的历史维度 [M]. 北京：北京大学出版社，2015.
[37] 路风. 走向自主创新：寻求中国力量的源泉 [M]. 桂林：广西师范大学出版社，2006.
[38] 李零. 丧家狗：我读《论语》[M]. 太原：山西人民出版社，2010.
[39] 李零. 兵以诈立：我读《孙子》[M]. 北京：中华书局，2006.
[40] 吕澂. 中国佛学源流略讲 [M]. 北京：中华书局，1995.
[41] 赖永海，中国佛性论 [M]. 上海：上海人民出版社，1987.
[42] 刘建军. 领导学原理：科学与艺术 [M]. 4 版. 上海：复旦大学出版社，2013.
[43] 刘峰. 领导科学与领导艺术 [M]. 北京：高等教育出版社，2014.
[44] 肖知兴. 以热爱战胜恐惧：中国式领导力发展大纲 [M]. 北京：东方出版社，2018.
[45] 宁高宁. 五步组合论 [M]. 北京：企业管理出版社，2023.
[46] 宋志平. 经营 30 条 [M]. 北京：中信出版社，2023.
[47] 彼得·德鲁克. 创新与企业家精神 [M]. 北京：机械工业出版社，2007.
[48] 彼得·德鲁克. 卓有成效的管理者 [M]. 北京：机械工业出版社，2005.

[49] 彼得·德鲁克. 旁观者：管理大师德鲁克回忆录 [M]. 北京：机械工业出版社，2005.
[50] 彼得·德鲁克. 管理的实践 [M]. 北京：机械工业出版社，2006.
[51] 亨利·明茨伯格，布鲁斯·阿尔斯特兰德，约瑟夫·兰佩尔. 战略历程 [M]. 北京：机械工业出版社，2006.
[52] 亨利·明茨伯格. 卓有成效的组织 [M]. 北京：中国人民大学出版社，2007.
[53] 克里斯·阿吉里斯. 克服组织防卫 [M]. 北京：中国人民大学出版社，2007.
[54] 李·亚科卡. 亚科卡传 [M]. 北京：华夏出版社，1986.
[55] 吉姆·柯林斯. 从优秀到卓越 [M]. 北京：中信出版社，2002.
[56] 彼得斯. 追求卓越：美国优秀企业的管理圣经 [M]. 北京：中央编译出版社，2003.
[57] 菲利普·威克汉姆. 战略企业家成功之道 [M]. 北京：中国社会科学出版社，2003.
[58] 郭士纳. 谁说大象不能跳舞？ [M]. 北京：中信出版社，2003.
[59] 彼得·圣吉. 第五项修炼：学习型组织的艺术与实务 [M]. 上海：上海三联书店，2003.
[60] 乔恩·L. 皮尔斯. 领导者与领导过程 [M]. 北京：中国人民大学出版社，2003.
[61] 斯隆·我在通用汽车的岁月 [M]. 北京：京华出版社，2004.
[62] 杰克·韦尔奇，苏茜·韦尔奇. 赢 [M]. 北京：中信出版社，2005.
[63] 詹姆斯·柯林斯，杰里·波勒斯. 基业长青：企业永续经营的准则 [M]. 北京：中信出版社，2006.
[64] 迈克尔·马龙. 两个人的帝国：惠普缔造的硅谷神话 [M]. 北京：中信出版社，2008.
[65] 莱斯利·柏林. 硅谷之父：微型芯片业的幕后巨人 [M]. 北京：中国社会科学出版社，2008.
[66] 安迪·格鲁夫. 格鲁夫给经理人的第一堂课 [M]. 北京：中信出版社，2007.
[67] 安迪·格鲁夫. 只有偏执狂才能生存 [M]. 北京：中信出版社，2013.
[68] 拉姆·查兰，斯蒂芬·德罗特，詹姆斯·诺埃尔. 领导梯队：全面打造领导力驱动型公司 [M]. 北京：机械工业出版社，2011.

[69] 沃伦·本尼斯. 成为领导者（纪念版）[M]. 北京：中国人民大学出版社，2008.
[70] 沃伦·本尼斯. 领导者（纪念版）[M]. 杭州：浙江人民出版社，2016.
[71] 詹姆斯·基尔茨. 刀锋上的舞蹈：我如何挽救了吉列 [M]. 北京：机械工业出版社，2009.
[72] 汤姆·彼得斯，南希·奥斯汀. 追求卓越的激情 [M]. 北京：中信出版社，2010.
[73] 埃德加·沙因. 组织文化与领导力 [M]. 北京：中国人民大学出版社，2011.
[74] 詹姆斯·M. 库泽斯，巴里·Z. 波斯纳. 领导力：如何在组织中成就卓越 [M]. 北京：电子工业出版社，2013.
[75] 本·霍洛维茨. 创业维艰 [M]. 北京：中信出版社，2015.
[76] 埃里克·施密特，乔纳森·罗森伯格. 重新定义公司：谷歌是如何运营的 [M]. 北京：中信出版社，2015.
[77] 里德·哈斯廷斯，艾琳·迈耶. 不拘一格：网飞的自由与责任工作法 [M]. 北京：中信出版社，2021.
[78] 苏勇，王芬芬，陈万思. 宁高宁领导下的中粮集团战略变革实践 [J]. 管理学报，2021，18（2）：159-170.